云南大学政治学学科史丛书

朱驭欧——著
段鑫——整理

抗战时期
云大政治系教授文集
（朱驭欧卷）

人民东方出版传媒
东方出版社

朱叔欧

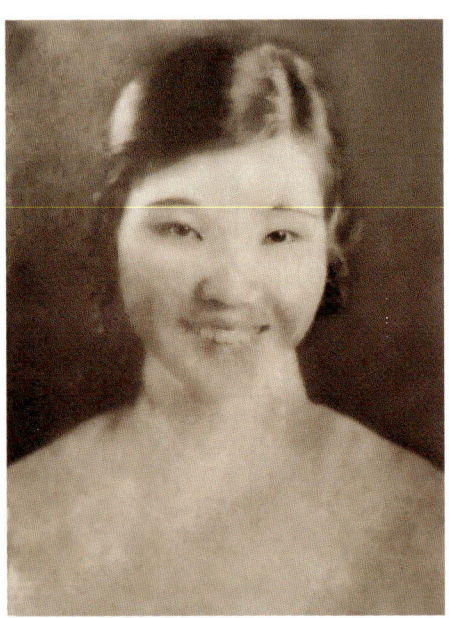

1936年获得美国威斯康星大学博士学位时的朱驭欧及新婚妻子吴文嘉

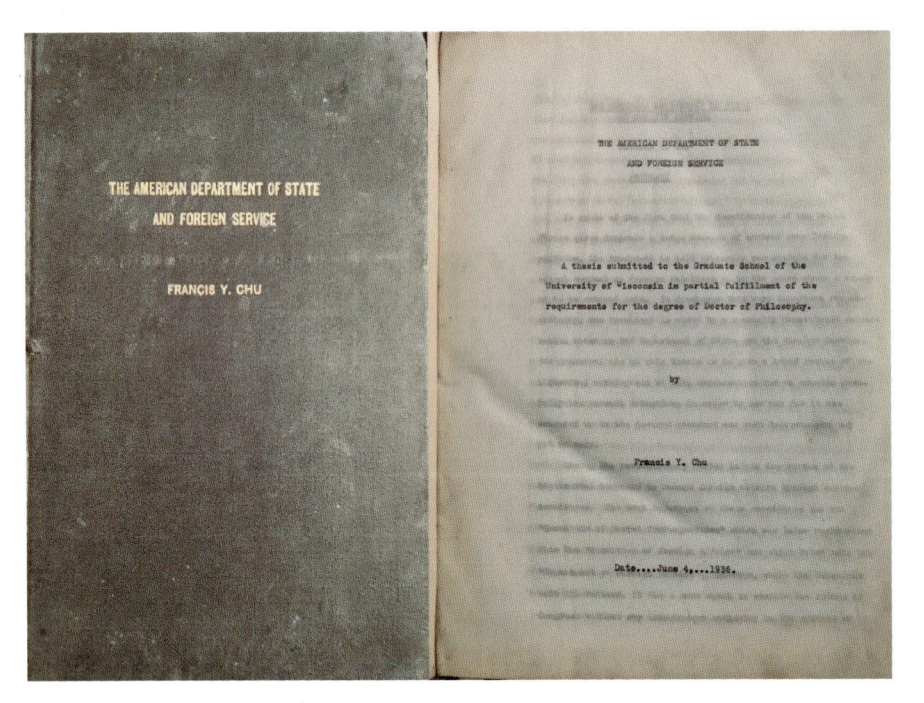

朱驭欧博士论文封面及首页

云南大学欢送 1939 届毕业生合影
（前排右一熊庆来，二排右二傅斯年，三排居中朱驭欧）

云南大学政治系欢送 1941 届毕业生合影
（前排左三朱驭欧，左五林同济，左六王赣愚）

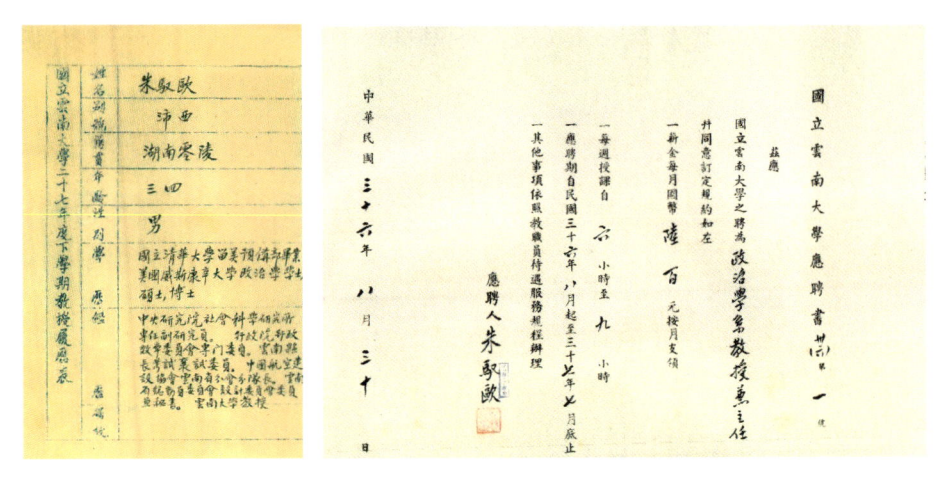

朱驭欧 1938 年所填云南大学履历（左）和 1947 年应聘书（右）

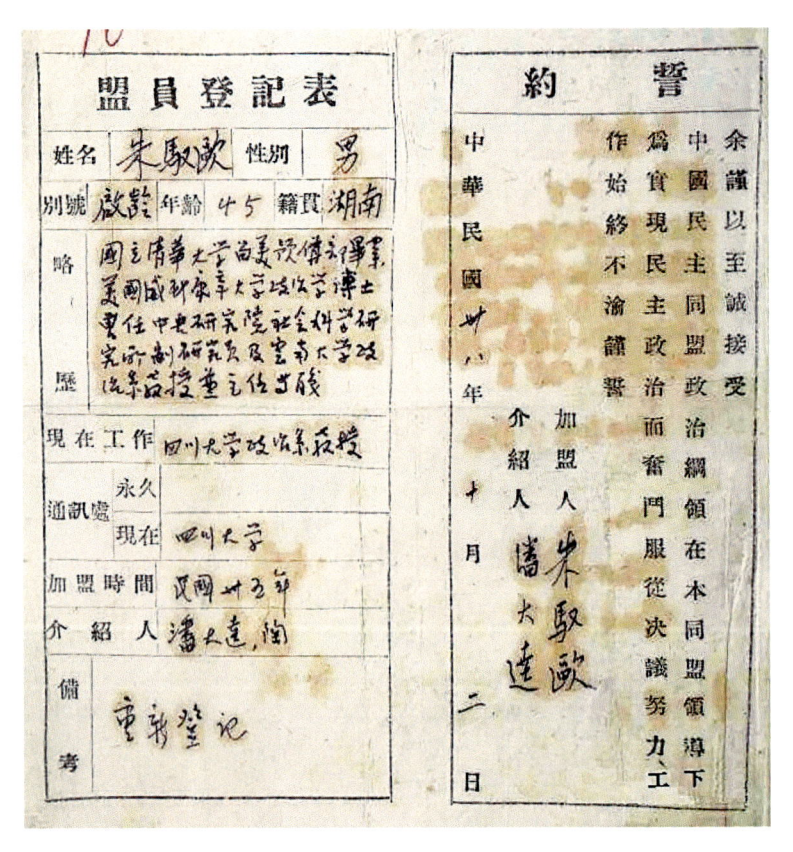

朱驭欧 1949 年填写的民盟盟员登记表

西南政法学院任教时期朱驭欧与家人合影
（前排左起：妻吴文嘉、朱驭欧、女朱云华，后排左起：子朱伯成、朱伯比、朱伯胜）

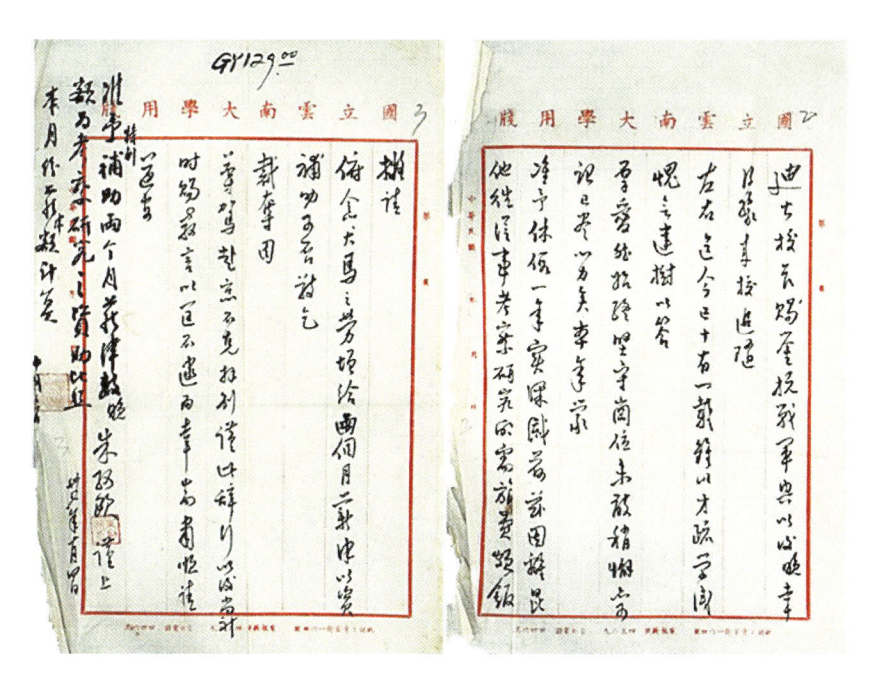

朱驭欧致熊庆来信（1948年10月4日）

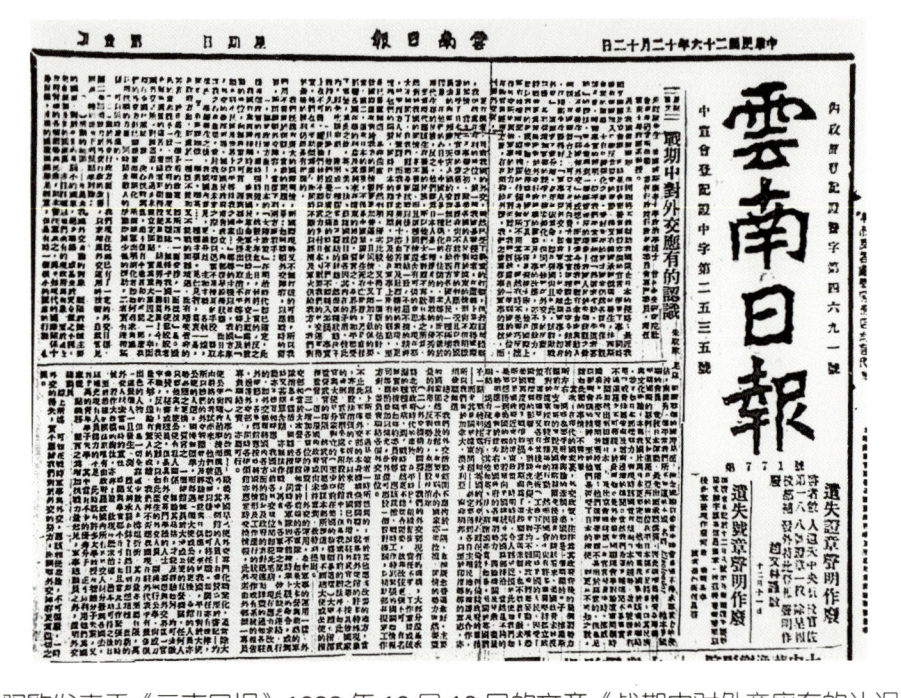

朱驭欧发表于《云南日报》1938年12月12日的文章《战期中对外交应有的认识》

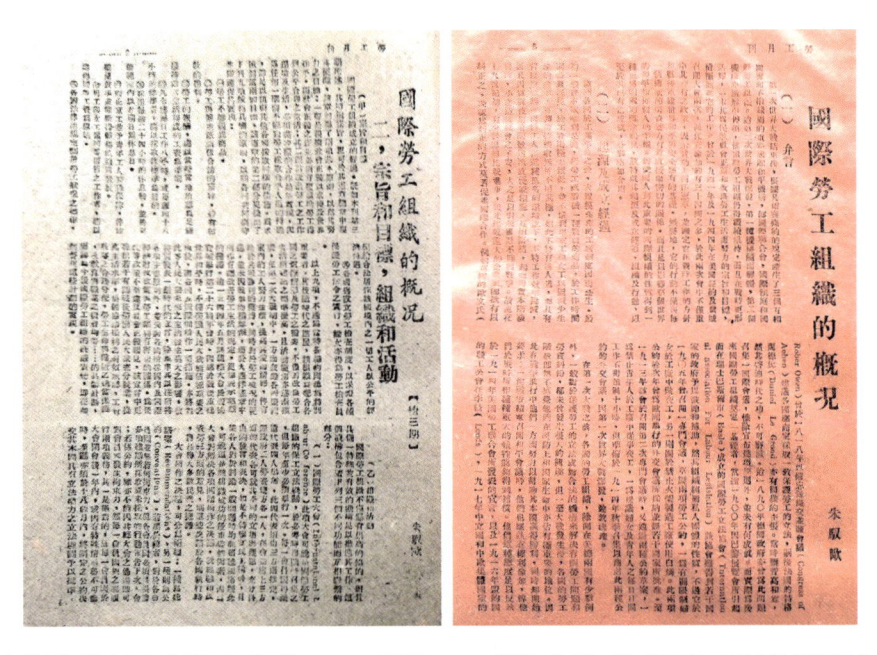

朱驭欧发表于《劳工月刊》1947年第3、6期的文章《国际劳工组织的概况》

云南大学政治学学科史丛书总序

周 平

云南大学政治学学科始创于 1925 年，即将迎来百年诞辰。百年芳秩，道贯古今，站在学科百年的历史关口，回溯学科发展历程，总结学科发展得失，承继学科优良传统，推动学科稳步发展，是创造学科新辉煌的重要一环。

1925 年，云南大学创建了政治学学科。作为云南近代史上第一所高等院校，云南大学的前身东陆大学在 1923 年创办之后，就在校长董泽的主导下，于 1925 年设立政治学本科专业。这既是东陆大学最早开办的三个本科专业之一，也是我国边疆地区的第一个政治学学科。卢锡荣、华秀升、浦薛凤等前辈学者制定学则、设计课程，立足学科本位，紧跟学术前沿，坚守国家立场，兼顾地方并观照边疆，开榛辟莽，奠定了云南大学政治学的学科基石和底色。作为我国边疆地区的首个政治学学科，云南大学政治学树起了中国政治学的西南一柱，与中东部的政治学学科遥相呼应，共同书写了中国政治学发展的早期篇章。

1937 年，云南大学政治学开始走向成熟。全面抗战爆发后，国内多所高校内迁，民族精英荟聚西南，1938 年，学校又在 1934 年改为省立云南大学的基础上改为国立云南大学，云南大学政治学迎来了难得的发展机遇。学科在林同济、王赣愚、朱驭欧、陈复光等历届系主任的主持下，形成了中西政治思想史、行政学（包含市政学）、国际政治学三个优势学科方向。林同济、何永佶与西南联大的雷海宗、陈铨等学者联袂，大力宣扬文化形态史观，结成名噪一时的"战国策派"，使坚持家国立场和边疆观照的学科传统进一步得到发扬。至院系调整前，云南大学政治学系已发展至有13位专任教师（其中有教授6人），设有政治理论、行政学、外交学三个专业组，在读学生达110余名的规模，并在政治思想史研究、国际关系史研究等领域享有国际声誉，成为名副其实的中国政治学边疆重镇。

1953年，云南大学政治学学科步入了艰难前行的时期。在这一年的院系调整中，云南大学政治、法律两系被整体划入西南政法学院，留下来的教师则转入1954年成立的政治课教研室和历史系世界史组。1961年，云南政治学院并入云南大学，成立了新的政治系，与政治课教研室合署设立，系统开展马克思主义政治学理论的教学和研究工作。1964年6月，根据中央外事工作部署，云南大学成立了西南亚研究所，专门从事西亚中东地缘政治和国际问题的研究。在这一特殊时期，云南大学政治学以马克思主义政治理论研究和思政教学为主，并探索区域国别研究的新兴方向，延续着云南大学政治学的历史和学脉。

1982年，云南大学政治学学科开始恢复和重建。在中国政治学学科于1979年后开始恢复和"补课"的背景下，云南大学政治系在杨真元、马啸原、徐学铣、李德家等先生的努力下，于1982年起开设了《政治学原理》《西方政治思想史》《比较政治学》等课程，成为西部高校中率先恢复政治学课程教学的单位；1985

年获批政治学理论硕士学位授权，成为全国最早开展政治学研究生教育的七所院校之一，学术研究和人才培养迈上了新台阶。马啸原先生的西方政治思想史和西方政治制度史研究，在国内产生了较大影响，尤其是其专著《西方政治思想史纲》和《西方政治制度史》，相继被教育部列为"面向21世纪课程教材"，成为影响至今的政治学经典教材。

1999年，云南大学政治学开启了全面发展的进程。1999年7月，云南大学以政治系为主干，整合相关专业，成立了公共管理学院（2019年更名为政府管理学院），并在其中设立了政治学系。随着专业学系的成立，以及开始招收政治学与行政学、国际政治专业的本科生，云南大学政治学学科开启了以政治学系和国际关系学院为主干，通过学科带头人进行统筹协调的发展模式，学科的建设和发展得到全面推进。一方面，学科逐步完善了内部的结构。2000年，学科参与申报的民族学一级学科博士学位授权获批，负责马克思主义民族理论与政策二级学科博士点的运行。2003年，学科在民族学一级学科博士学位授权中自主设立了民族政治与公共行政博士学位授权，并获教育部的批准。2006年，学科获得政治学一级学科硕士学位授权，以及国际关系二级学科博士学位授权。2011年，学科获得政治学一级学科博士学位授权。2012年，学科获批政治学博士后科研流动站。至此，云南大学政治学成为中国西部地区首个拥有一级学科博士学位授权和博士后流动站的学科单位，形成了本—硕—博加博士后的完整的人才培养体系。另一方面，学科开创了以特色优势确立自身地位的发展道路。学科在主动谋划和积极推进的过程中，立足于对全国学科版图的研究和把握，确定了依据区位特点凝练学科特色，通过特色发展形成学科优势，以优势特色培育学科竞争力的发展思路，创建了民族政治学学科，开拓了边疆治理研究领域，形成了国际问题研究的"西南学派"，从而逐渐确立了自己在全国学科版图中的位置。

2017年，云南大学政治学进入了高质量发展的新阶段。2017年6月，云南大学进入国家首批的42所"双一流"高校行列后，政治学学科结合校内相关学科和专业而组建了学科群，成为教育部批准自主设立的一流学科（群）建设单位，开展政治学一流学科（群）建设。在"双一流"建设与学校学科特区的架构下，云南大学政治学坚持特色发展与规范发展相结合、存量发展与增量发展相结合，全面整合学科资源，理顺内部关系，充实学科内涵，突出学科特色，增强创新能力，强化人才培养，建设学科文化，走上了全面高质量发展的快车道。学科的整体实力明显加强，优势特色更加突出，人才队伍不断壮大，学科结构逐渐优化。

蓦然回首，云南大学政治学学科就要迎来百年华诞，我自己也与学科一起走过了近40年的历程。我于1986年考入云南大学政治系成为本系第一届硕士研究生，1989年研究生毕业便留校工作，先是担任研究生秘书和研究生班主任，1999年创建政治学系后担任首届系主任，随后又被学校确定为政治学学科带头人，全力推动学科的建设和发展。在亲历学科发展的进步与艰难、欢乐与苦楚的点点滴滴中，自己已深深融入到了云南大学政治学学科之中。回顾学科百年峥嵘岁月，尤其是亲历的那些为学科发展奠定基础的关键时刻而做出的抉择，具体情景至今仍历历在目，因此总是有太多的感慨在心头。云南大学政治学百年历程，可谓道阻且长，但行则必至。发展中的成就与辉煌、曲折与磨砺，均已化作学科深厚的积淀，体现为学科建设的成果，凝结为学科鲜明的特色和优势。以此为基，行而不辍，未来可期！

学科在列为一流学科群而进行建设以后，为了梳理学科发展的历程，发掘和整理学术遗产，便有计划地开始了学科史的整理和研究工作。硕士毕业于云南大学政治学系的段鑫，2017年自清华大学博士毕业后又加入到云南大学政治学团队，对母校的政治学充满了情怀和责任感，主动担纲了此项工作。目前，部分学科史资料和学术文献已经整编完结，拟以"云南大学政治学学科史丛书"陆续结集出版。该丛书将展现学科演进的基本脉络，总结并呈现学科的学术遗产，汇聚学科的历史资源。愿该丛书的出版，为云南大学政治学学科的建设和发展增添更多的历史内涵，从一个特定的角度为学科的进一步发展提供助力。

2022年秋，于云南大学东陆园

编 者 序

在中国近代学术史上，朱驭欧这个名字，即便对于从事政治学、行政学研究的学者来说，也显得非常陌生。但实际上，他曾是为中国行政学学科的发展做出过重要贡献的前辈，至少是曾经从事过行政学研究和专业人才培养的一位早期建设者，他的一生事迹和思想学说不应该被湮没在历史的长河中。

一、生平经历

朱驭欧，字沛西，湖南零陵人，1904年1月19日出生于零陵县（今属永州市）桐子坪朱家村一中医家庭。他天资聪颖，又勤奋好学，1922年在省立第六联合中学毕业后，即以优异成绩考入清华学校留美预备班，成为清华学校当年在湖南省录取的三名学生之一。1929年6月，他从清华学校毕业，被公费选送美国留学，就读于威斯康星大学，1933年获法学学士学位，1935年获法学硕士学位，1936年又获政治学、劳动经济学双博士学位。

1936年，朱驭欧取得博士学位后归国服务，因清华学长张锐之介，进入陶孟和主持的中央研究院社会科学研究所担任副研究员，并兼任行政院行政效率委员会委员。1937年全面抗战爆发，朱驭欧应云南大学校长熊庆来之邀，携家迁往云南，担任云南大学政治经济系教授，从此与云南大学政治学结缘，开始了一段较为稳定的教学和研究经历。在云南大学，他与林同济、王赣愚一同组成了政治学教学与研究的主干团队，被誉为云南大学政治系的"三驾马车"。1941年云南大学政治经济系分为政治学、经济学二系，1942年王赣愚转任西南联大政治学系教授，朱驭欧继任政治系主任之职，一直到1948年离校。在这七年之中，云南大学政治系师资队伍稳定，学科持续发展，在政治思想史、行政学与市政学、外交史研究方面逐渐形成优势，成为中国政治学学科的西南重镇。

1948年，因支持学生爱国民主运动，朱驭欧被国民党当局勒令解聘，前往四川大学任教。新中国成立后，他被任命为四川大学政治学系教授兼主任、法学院代理院长、校务委员会委员。1952年全国院系调整中，朱驭欧服从调配，带领四川大学法学院法律系、政治学系师生并入西南人民革命大学，组建西南革大政法系。1953年西南政法学院（现西南政法大学）成立后，他先后担任政法系教授并兼任国家与法教研室主任、图书馆主任、民盟西南政法学院支部主任委员等职。1957年，他在"反右"运动中被划为右派，受到不公正待遇，1979年获得平反，1982年1月病逝于重庆。

二、学术志向

朱驭欧以行政学和政治制度研究为主要学术方向，他现存的主要著述可以归为三个类别：一是对美国政治制度的介绍，二是国内外时政评论，三是对中国行政学的理论与实践研究。

编者序

早在清华学校就读时期，朱驭欧就在《京报副刊》和《清华周刊》上发表了《如何能使中国人不为英日人服务？》《日本侵略满蒙史述略及所订一切不平等条约》两篇时政评论文章，初步展现了他的资料综合能力和对问题的分析论述能力。留美时期，他重点研究美国外交行政制度，他的硕士学位论文题为《美国外交机构》，博士学位论文题为《美国国务院与外交事务》，他熟练地利用美国的制度规章、法律条文和实证案例，对美国外交机构及其行政管理制度作了深入、系统的论述。

1936—1937年，在南京中央研究院社会科学研究所服务期间，他在《行政研究》和《青年公论》上发表了两篇关于美国的介绍性文章：《介绍一个学术机关——布鲁京斯研究社》和《美国使领馆人员之考选制度》，对美国学术机构和行政制度作了介绍。后一篇文章系其博士学位论文的节译。还有一篇《美大选后之政治展望》属于时政性评论，作者大胆预测美国在罗斯福第二次当选之后，将进一步加强中央集权，有走向国家社会主义方向的可能，现今反观这一论断，有一定的预见性。

朱驭欧在云南大学教学期间发表的文章，主要是一些时评，约有23篇，大多发表于《云南日报》《正义报》《县政月刊》《今日评论》《云南周报》等地方报刊上。这些时政评论又可以细分为外交评论、国内时政评论和地方评论三类。

外交评论，如《对中英美签订新约感言》《苏日中立条约的前因后果》《由个体安全到集体安全》《对美国外交部门的评论》等；国内时政评论，如《战期中对外交应有的认识》《战时的行政机构问题》《为"促进地方行政效率"进一言》《对于知识青年从军的意见》等；地方评论，如《提高本省公务人员待遇的商榷》

《县行政应有的改革》《关于整理本市房捐的意见》等。这些时政评论都是针对当时的政策或时政新闻而发的，作者熟练地运用行政学和市政学的知识，针砭时弊，透彻剖析，对所面对的问题作了理性、深入而又有说服力的分析，所提的建议合理、明确，兼具可行性。因此，朱驭欧的评论文章，颇受当时地方报刊的欢迎，他本人也成为地方报刊争相约稿的对象。

在四川大学和西南政法学院工作时期，朱驭欧的精力主要放在教学和行政事务方面。他先后担任四川大学政治系教授兼系主任、法学院代院长，西南政法学院政法系教授并兼国家与法教研室主任、图书馆主任等职。在被打成右派之前，他除了主持行政工作外，还担任了《国际公法》《行政法》等课程的教学。1954年8月至1955年暑期期间，他被选派至中国人民大学学习，归来后即全身心地投入《国家与法通史》课程的开设和讲授中。据学生回忆，他的授课风格与众不同，不太遵守既定的教纲和教案，讲授内容具有很强的发散性，知识量很大，课前课后都会布置很多阅读材料，授课时总会提出问题让学生讨论，他再加以引导和讲授。在照搬苏联教学方式的大背景下，朱驭欧的这种启发式教学就显得十分珍贵。

1957年之后，朱驭欧被迫离开讲台，但他仍发挥自己的专长，在资料室做了大量的编译工作，还为年轻教师补习英语。他晚年的精力主要用于编纂《英汉法律词典》，这是一项开创性的工作。当时没有现成的词典可以参考，他就从英、法、德、俄等国家的法学著作入手，逐一阅读，摘抄资料，但凡编词典所需要的材料都摘抄下来，积累了两摞一尺多厚的书稿。在身体每况愈下的情况下，他更是争分夺秒地从事这项工作。据他夫人记述，在最后的时日里，朱驭欧终日闷在小平房里，顶着40度的高温工作，汗水浸透了书稿，连蚊子爬满了背也不管不顾。但是，他的健康状况已不能支撑他完成这项工作。在去世之前，朱驭欧将书稿交付给学生夏登峻，夏登峻在朱驭欧书稿的基础上，召集相关法律专家，加以补充、修改，最终编成了《英汉法律词典》，于1986年出版。这部词典有154万字，收词4万余条，另有常见缩略语近3000条，出版后就被《人民日报》誉为"中国第一部英汉法律词典"，这部词典至今已出版至第五版，印刷数十万册，在新中国法律人才的培养和法律实务工作的推进上发挥了重要作用。

三、学术观点

朱驭欧学术研究的核心议题是如何提升行政工作的民主化和科学化。从现存的文章看，他的关注点主要聚焦于保障集体安全、提升行政效率、推进公共卫生行政三个方面。

（一）以集体安全保障世界和平

在战争与和平的关系上，朱驭欧曾进行过相关研究，并提出了自己独到的见解。他认为，国际公法在维持国际秩序中，本质上仅发挥着道德上的作用，靠国际舆论对侵略国施加压力是惨白无力的，这就使得国家之间缺乏真正意义上的国际法来维持秩序，国际和平也就难以实现。随着世界的发展，各国之间政治、经济间的联系日益密切，国家的安全总体上也随之呈现出由个体安全到集体安全的趋势。他呼吁各国应摆脱现有的国家主权观念及狭隘国家主义观念，竭诚合作，共同维护国际和平，只有各国之间平等相处，谋求集体安全，才能保障世界免受战争的危害。

旧金山会议召开期间，朱驭欧发表了《由个体安全到集体安全》一文，他明确指出，作为保障世界和平的机构——联合国，其作用的发挥，在于各成员国对第二次世界大战经验教训的吸取程度。他主张各国应该摒弃以本国利益与安全为前提的传统观念，开诚相见，互助互信，进而谋求全人类的幸福和安全。只有本着这一基本理念，将各国集体安全建立在个体安全之上，加强国际合作，方能实现国际社会的永久和平。

(二) 改革行政管理体制，提升行政管理效率

朱驭欧对行政管理体制改革方面的论述较多，而其最终目的无外乎是使行政机构设置合理化，行政专业化，从而使行政效率得以提高。至于如何提升行政效率，朱驭欧的主要观点可以概括为以下三点。

1. 改革行政机构，提高行政效率

关于行政机构的改革，朱驭欧认为行政效率的提高离不开健全的行政机构，而机构是否健全要看该机构是否符合简单化、合理化的原则。即行政机构应做到权责统一，本质相同的事务宜应划归同一个机构管辖；各行政机构间须做到纵横兼顾，尤其要加强"横"的联系，加强分工协作和相互配合。

在中央行政机构层面，朱驭欧认为抗战期间中央行政机构应当大加裁并，并且将政治和军事的责任集中起来，进行统一指挥。同时，朱驭欧还主张中央行政机构应在设计和管理两个方面加强"横"的联系，以提高行政效率。

编 者 序

在地方行政机构方面,朱驭欧主张加强县级政权而精简省级机构。他认为,县级政权为国家行政机构的基石,而省级行政机构重叠较多,因此应加大对省级行政机构的改革力度,同时充实县级行政机构,使其组织、人事以及财政都能得到扩充,以达到使县级机构强化、合理化的目的。

2. 整顿吏治,充分发挥人才的效用

以推进行政人员队伍的专业化作为提升行政科学化的基本路径,是朱驭欧的一贯主张,他多次强调要以整顿吏治作为提高行政效率的重要途径。他认为,吏治的整顿核心在于行政人事制度的改革,只有建立起与日常工作相适应的人事制度,才能发挥出各级行政机构中人才的最大效用,从而使政府工作效率得以提高。

3. 改革财务机制,节支增效

朱驭欧认为,行政效率的提高有赖于财务的改善。他指出,首先,抗战期间应遵循经济的原则,力求节省行政开支,应将有限的经费集中到比较容易完成的项目中,防止因经费不足而使公共事业陷入困境的情况出现。其次,在各行政机关的经费拨付和使用过程中,必须加强审核和执行力度,而发放经费的对象应由过去以人为主体转变为以事业为主体。但是,朱驭欧反对公务员低薪制,他主张提高公务员的待遇,不能因节流而使公务员裁职降薪,要使公务员安于本位,提高行政效率,同时避免贪污腐败、中饱私囊行为的发生。

4. 加强行政技术指导,推进专家行政

朱驭欧认为,行政专门化是提升行政效率的前提,而行政专门化离不开专家的指导和参与,因此他极力倡导专家行政。他认为，政府应该在财务上拨划专款，聘请专家或者委托学术机构为政府从事相关的行政改革研究工作，以提高行政的科学化和专业化，从而推进行政效率的提升。

（三）注重城市公共卫生，促进公共卫生事业发展

朱驭欧主张在城市建设中应注重公共卫生行政问题，尽可能改善公共卫生环境，促进公共卫生事业的发展。在他看来，促进公共卫生事业的发展是市政府主要工作内容之一，而在进行公共卫生行政的具体过程中，市政府首先要健全公共卫生行政组织，划清权责。他将公共卫生行政机构的工作概括为统计研究、宣传、立法、管制四大类。

朱驭欧指出，首先当时各市所设卫生所或类似的机关并不是政府机构的一部分，事实上以半独立的性质存在。而公共卫生事业工作的开展往往与教育、工程、督饬等部门密不可分，卫生所脱离市政府半独立存在不利于与其他部门的联系。为此，他建议在市政府机构内部改设卫生科，专事公共卫生行政的筹划与管理。而公共卫生行政的具体开展，则可在城市各区设立直属卫生科的卫生事务所推进。同时，朱驭欧还强调要注意公共卫生机构与公共卫生行政机构间的区别，前者是负责诊疗的各级医院，后者则是卫生科及其直属机构卫生事务所。其次，朱驭欧认为公共卫生行政的顺利开展，还需要专门经费的充实，与之相应，还须建立、健全公共卫生事业预算及审计制度，避免贪污浪费。最后，朱驭欧强调公共卫生行政的推进还需要掌握专门知识的人员，为此，政府应培养公共卫生人才，完善选拔机制，加强对公共卫生行政人员的管理。

编者序

以上所作择要介绍，难免有挂一漏万之虞。朱驭欧的文字，无论是学术论文还是时评文章，都闪烁着理性的思想光芒。推进公共行政的民主化、科学化，始终是朱驭欧一生矢志追求的目标，一位学者拳拳报国之心，与其中亦可洞见。

四、边疆情怀

1937—1948 年，朱驭欧一直担任云南大学政治系教授，并一度出任系主任，主持系务工作，这也是他学术活动比较集中的时期。朱驭欧自来到昆明起，就把自己和地方社会紧密地联结在一起，他一方面结交地方人士，参与地方事务，为地方社会治理积极贡献自己的聪明才智；另一方面，他主动结合地方实际，调整自己的研究选题，将自己的研究和地方社会需求结合起来。

在参与地方事务方面。在教学与研究之余，朱驭欧多次接受地方当局的聘请，担任一些名誉性职务。例如云南省总动员委员会设计委员会专门委员兼秘书长（1937 年冬）、云南省第一届县长考试襄试委员（1938 年春）、云南全省经济委员会设计处专门委员（1942 年春）、国民外交协会昆明分会理事（1942 年）、云南省宪政讨论会研究委员（1944 年）、云南建设委员会专门委员（1946 年春）等。朱驭欧的这些头衔虽然大多属于挂名性质，但他都认真对待，积极参与专题调研和政策讨论，为抗战大后方的社会动员、政治治理以及经济建设贡献自己的知识与智慧。即以他列名参加"宪政讨论会"为例，朱驭欧除了定期参与会议研讨外，还多次到民政厅、财政厅、建设厅等省政府机关进行演讲，进行宪法思想的宣传和教育。此外，他很重视对民众的教育和动员，仅以见于当时报纸报导的消息而论，他抗战期间在昆明所作公开演讲至少有4次。

在个人研究方面，朱驭欧就职云南大学之初就迅速将他的研究点转移到云南地方政治与社会方面。他1938年起即参与了云南大学社会经济研究所和政治经济研究所的工作，该所系云南大学政治经济系与云南全省经济委员会及富滇银行合办，主要从事云南县政和财政问题的调查研究。朱驭欧深度参与了社会经济研究所的工作，在1938—1939年间，他和朱炳南教授一起指导完成了路南、昆明两县的调查工作，撰写调查报告36万余字；他还协助编辑、出版了《社会科学学报》第一期，刊载了一批针对云南社会的调查与研究成果；并参与编撰《云南省经济概览》（英文版）一书（未完成）。这些工作成果对抗战时期云南地方治理提供了良好的参考借鉴，也成为中国近代学术史上的重要文献。而他在这一时期发表于地方报刊上的评论文章，也大都着眼于地方政治建设、经济开发、社会治理等关切实务的议题，充分体现了作为一名学者应有的责任与担当。

五、进步立场

朱驭欧和当时绝大多数知识分子一样，有着强烈的爱国主义思想。早在清华学校就读时期，他就发表了《如何能使中国人不为英日人服务？》《日本侵略满蒙史述略及所订一切不平等条约》等文章，揭露帝国主义列强对中国的侵略和掠夺，并提出一系列抵御措施。在美国威斯康星大学留学期间，正逢日本侵占我国东北，而该校一位国际公法的知名教授却歪曲事实，多次为日本的

编 者 序

侵略辩护，这引起朱驭欧等中国留学生的极大不满。身为威大中国留学生会会长，他立即在校刊上撰文驳斥，并多次在当地报纸上撰文，对美国公众演讲，揭露日本的侵略行径，引发当地舆论界的关注。

据实而论，朱驭欧在归国之初，对国民党尚抱有一定的期望，他希望将自己的专业知识转换为政策思路，服务于国家的政治建设和社会治理。因此，他热衷于介绍西方行政学知识、介绍欧美行政制度，热衷于研究中国政治与行政问题、倡导专家行政，并致力于行政专门人才的培养。但国民党的专制和腐败统治，让他逐渐对国民党政府感到失望。抗战时期的云南，在地方实力派的保护之下，昆明民主氛围浓厚，成为大后方著名的自由堡垒。在中共地下党和进步人士的帮助下，朱驭欧认清了现实，从对国民党统治失望的中间派立场，逐渐转向了追求民主和进步的立场。从他发表的时政评论中，也可以看出他的思想和立场变化的轨迹。1938年前后发表的《战期中对外交应有的认识》《战时政治与行政》等文章，主旨是为抗战鼓与呼，为国民党政府的动员和治理提出有益的意见和建议。1944年前后发表的《对中英美签订新约感言》《吏治与民主》等文章则愈加显得冷静。再到1945年以后发表的《对于知识青年从军的意见》《评试行行政院负责制》《论实施计划行政》等文章，则在理性分析的同时，对现实批判的意味也越来越浓烈。例如，关于国民党政府号召知识青年从军问题，朱驭欧开篇即批评抗战中期"上等人"士躲在后方安尊处优，甚至趁火打劫，而劳苦大众蒙受贫苦和牺牲的不公平现象。他指出，"形式化"的运动难以取得预期的效果，而没有周密的计划和准备就发出知识青年从军号召，不仅会虚耗青

11

年的热情，而且还会导致人才短缺，影响到各部门的正常运行。这篇文章送审时即被扣押，经过大幅删改后才得以刊发，但对国民党统治的批判依然显得火力十足。朱驭欧的文章，一向以冷静、理性为基本格调，将内心的情绪形诸于文字，作者内心的愤慨可以想见！又如，1946年国民党政府试行行政院负责制，朱驭欧在一番冷静、客观的分析之后，便毫不客气地指出：中国与实行责任内阁制的英国国情大相径庭，中国有许多"太上政府"存在，行政院负责制在中国并无施行的土壤，如果当局不顾实际，所推行的新制一定是一条完全不通的道路！

1946年春，由潘大逵和冯素陶介绍，朱驭欧加入中国民主同盟。此后，他积极参加民盟的活动，更加向民主和进步的方向大步迈进。1948年，昆明爆发了反对美国扶持日本、反对美国支持国民党进行内战的"七一五"爱国民主运动。朱驭欧在这场运动中立场鲜明地支持学生的正义诉求，多次参加学生组织的时政座谈会。在学生被反动军警围困后，他又与经济系主任秦瓒一起出面，为一封向呼吁社会各界人士救助学生的公开信征集签名。为此，朱驭欧事后被云南警备司令何绍周传讯，要求他交代云南大学民盟组织情况，遭到断然拒绝后，何绍周又要求朱驭欧登报声明脱离一切政治组织，也被他严正拒绝。不久之后，云南大学校长熊庆来接到国民政府密令，要求解聘朱驭欧、徐梦麟、秦瓒等人，朱驭欧本人及其家属也遭到了特务和军警的恐吓。为此，他不得不离开生活了11年的昆明。

在担任四川大学政治系主任期间，朱驭欧与四川的民盟组织取得联系，继续从事民主活动，还领导政治系师生举行过一次罢课、罢教的运动。当人民解放军进军川滇之际，他团结师生，保

编者序

护校产，热情地迎接解放。在1952年的全国院系调整中，朱驭欧以大局为重，服从院系调整安排，带领四川大学法学院法律系、政治学系全体师生迁往重庆，并参与西南人民革命大学政法系和西南政法学院的筹建工作，为西南政法学院的校园建设和学科建设付出了巨大辛劳。即便在被错划为右派，身处逆境的情况下，他依然不改初心，力所能及地做一些有益的工作，并将晚年的精力集中在外文学术资料的翻译和《英汉法律词典》的编纂中。终其一生，都未改爱国、科学、民主的进步立场。

朱驭欧的文集，此前未见有人做过搜集整理的工作，朱驭欧本人的手稿，也在历史动乱中大半丧失。因此，须从原始的报刊和档案材料中加以爬梳剔抉，工作难度较大。作为云南大学政治学学科史研究的基础性工作，编者在文献搜集方面费了许多功夫，但所获依然有限。朱驭欧发表于各类报刊和演讲录的文章计有28篇，《文集》悉数予以收录；其硕士学位论文和博士学位论文有幸保存至今，共有760多页，全部刊出势所不能，我们只好从中节选3篇原文，读者藉此以见一斑；在云南大学校史档案中发现的朱驭欧致熊庆来信函2件，也编入正文。此外，从朱驭欧家属提供的个人档案中，编者节录了他的《自传》和朱夫人吴文嘉的一篇回忆文章，与其平反文件一并作为附录。编者所整理的大事年表，即以前述材料作为基础，也列为附录，便于读者了解其生平。

还有几篇文献，虽有线索，但一时无法获取全文，只好忍痛割舍，留待日后补遗。需要说明的是，朱驭欧先生的文章，自有其写作时的历史语境，他的某些认识，站在今天的立场和观点来看，也未必完全正确，但这并不改变他拥护民主、走向进步的总体立场，作为后人，我们也不能苛责。在本书编辑过程中，云南大学档案馆、校图书馆"东陆文库"特藏室，云南省图书馆报刊室在查阅、复制文献方面提供便利，本书的编辑出版也得到了朱驭欧先生家属，尤其是朱先生长女朱云华女士的大力支持，在此一一鸣谢。同时还需说明的是，编者个人才学与能力有限，编辑过程中错漏难免，还望方家、读者不吝予以赐正。

段 鑫

2022 年 8 月，于云南大学东一院

整理说明

1."抗战时期云大政治系教授文集"收录抗日战争时期（1931—1945）曾在云南大学政治系任教名家的学术作品。这一时期云南大学院系设置多次调整，相应地，云大政治学也先后经历了省立东陆大学文学院政治经济系（1931）、省立东陆大学文理学院政治经济系（1931—1934）、省立云南大学文法学院政治经济系（1934—1938）、国立云南大学文法学院政治经济系（1938—1941）、国立云南大学文法学院政治系（1941—1953）等建制名称。为行文方便，统一名为"抗战时期云大政治系"。

2. 丛书所收录的教授文章大都是首次结集，文献来源主要取自民国时期的报纸、期刊、图书等出版物，少量源自档案史料和前辈家属提供的未刊材料。在整理编录时，尽量按学术规范一一注明出处，未能寻到出处的也作特殊说明。为了完整地体现作者的思想轨迹，所收录的文献不限于抗战时期（1931—1945）。同时，因限于篇幅，篇幅较长的学位论文、曾公开出版的著作则只作节录，不全文收入。

3. 遵照文献整理的一般规范，编录作者文章时以尊重原文为原则，原文表述不同于当下行文习惯的，尽量不予改动。原文属错字、漏字、误排等情形的，则加以校改。受历史时代的局限，对某些观点和论述作了必要的删节，凡删节之处，皆以"……"

标示。

4.在整理和编录时，尽量查找保存状态较好的原刊文本作为范本，遇有同一文章刊于两处者，则以后刊者或更权威的版本为准，并将两文不同之处加以标注。遇有原文残缺或漫漶不能辨识的，则以"□"标示，因刊印模糊不能准确辨识的，则加以脚注说明。

5.原文属漏排的字词皆以"（ ）"补上，原文属误排的字词皆以"[ ]"进行更正，原文明显重复的字词则直接删去，不能确定是否原文有误的地方则以脚注加以说明。需要说明的是，因当时语文习惯与今不同，有些字词的使用，在今天看来或许不甚规范，但并非错字。如用"底"为"的"，用"的"为"地""得"，以及"藉"与"借"、"惟"与"唯"、"定"与"订"、"决不"与"绝不"、"人材"与"人才"、"智识"与"知识"等普遍混用。此类情形，在不影响原意的前提下，尽量不予更改。

6.原文多有夹杂英文、俄文、法文、德文等外文单词的情形，因排字工人水平有限，外文单词的拼写多有错误，整理者能确认拼写有误的，在整理时直接加以更正，不能确认的则暂不更正或加以校注说明。

7.原文标点符号较为单一，使用也不尽规范，在整理时，一律遵照现行标点符号使用规则加以规范。

8.原文断句和分段较为混乱，在整理时按照现在的语文习惯重新加以调整，不再一一注明。

9.原文在表示年份和数字时，大都使用汉字字符，每三个字符之间又以"，"区隔（例如四,六八五,七二三公斤），整理时除了特殊年号（例如光绪二十四年）保留汉字字符外，一律转为阿拉伯数字，并删去区隔数字的","。而对于原有的计量单位如两、公尺、石、里等，则不再按现代计量单位予以更改。

10. 在20世纪80年代以前，外文译名并不统一，有的译名在中文之后括注了原名，大多数则没有。在整理时，本着尊重原文的原则，不再按现代标准译名进行更正，有的译名过于生僻者，则加以脚注说明。

11. 为了便于读者理解原文，整理时作了必要的脚注和说明，为与原作者注释区分，凡整理者作的注释，皆在末尾注明"编者注"字样。

12. 为了便于读者了解作者生平和思想，整理者为每位作者编纂了简要的年谱或著作年表。另外，经作者家属同意，选取了一些作者私人信札、简历、自传、档案文件、亲友故旧的回忆文章等编为附录，选取若干照片作为插图。谨此，对支持本丛书出版并热心提供材料的云大政治学前辈家属以及相关历史材料的收藏单位与个人表示衷心感谢！

目 录
CONTENTS

如何能使中国人不为英日人服务？ \1

日本侵略满蒙史述略及所订一切不平等条约 \5

介绍一个学术机关——布鲁京斯研究社 \17

美大选后之政治展望 \29

美国使领馆人员之考选制度 \32

战期中对外交应有的认识 \45

战时的行政机构问题 \53

战时政治与行政 \57

抗战建国与吏治 \62

抗战建国中的行政机构 \68

提高本省公务人员待遇的商榷 \80

抗战时期云大政治系教授文集（朱驭欧卷）

县行政应有的改革
　　——四月六日朱沛西先生在本所的演讲　\85

论专家行政　\90

为"促进地方行政效率"进一言　\96

生产建设的行政问题　\101

城市的公共卫生行政　\106

汪逆的主和与卖国　\111

中央与地方权界问题　\118

为庆祝中英美新约献词　\126

关于整理本市房捐的意见　\128

吏治与民主　\131

苏日中立条约的前因后果　\136

由个体安全到集体安全　\142

国际劳工组织的概况　\148

评"试行行政院负责制"　\159

论实施计划行政
　　——行宪后行政应有的改革之一端　\165

致熊庆来校长信两件　\169

目 录

附 录

对美国外交部门的评论 \171

《美国国务院及其外交机构》前言 \188

对美国现行外交制度的批评 \195

朱驭欧自传（节选） \229

朱驭欧在民主运动中的二三事
　　——为纪念朱驭欧而写 \247

关于朱驭欧同志错划为右派分子的改正结论 \256

朱驭欧生平大事年表（1904—1982） \259

如何能使中国人不为英日人服务？

那些人面兽心的英、日人，欺辱我们中国人已非一日了！于今竟大肆其野蛮残忍之性，明目张胆，无故的把我们的同胞如同犬豕一般的杀戮起来了。①我们政府同他们交涉，他们不特怙恶不悛，且态度一日比一日强硬，一味的用高压手段来对待我们，且近来仍在上海继续他们杀人放火的野蛮行为。这样看来，他们简直目中已无中国，把中国人不当做人了。如此下去，我们若犹袖手旁观，不起来同他们抵抗，那末他们以为中国懦弱无为，将来更无忌惮了。今天杀十个，明天也许要杀百个，后天更许要杀千个，不杀到中国人无噍类的时候，不肯罢休。然而我们如何能抵抗他们呢？若是用武器的话，他们国势富强，我们国势贫弱，好像用鸡蛋撞石头，定然无好结果的。所以急进或暴动的方法，已证明不适宜了。那末，我们必从缓进的方法着手。所谓缓进的方法，是什么呢？我以为唯一的，就是如何使中国人不替英、日人服务，换句话说，我们如何使中国人不在英、日人办的工厂作工，不当英、日人开的银行、公司或商店的伙计，不做英、日人管辖的机关的办事员，不充英、日人租界上的巡捕，或英、日人家的仆役……再简单的说，凡是对于英、日人有帮助或有利益的

---

① 指1925年5月上海"五卅惨案"。——编者注

工作，如何使中国人都不替代他们去做。

为什么不替他们服务，就可以抵抗他们呢？诸位要知道，英、日是世界上很小的两国，他们本国的土地出产和财源是很有限的。他们所以如此富强的原因，全靠着侵略的主义，而他们侵略的先锋，就是以经济为本位的。他们侵略的地方，固然也很多，然总以中国为主要。至于他们经济侵略的方法，不外乎在被侵略的地方贸易。贸易的方法，又分为二：一是把被侵略的地方的原料买去到他们本国制造物品，再转运到被侵略的国家去卖；一是直接的在被侵略的国家开设工厂、公司、商店或银行，并把持商业金融。我们中国以农为本位，他们就以商为本位。诸位如不信，请试在上海、汉口、天津、北京这些地方调查一下，看那个大公司、工厂、商店、银行不是外国人或外国人的股份办的？而其中属英、日两国人的又有多少？所以，我们若不替他们服务，他们国家的经济就立刻受莫大的影响。因为无论在何种的工商业上，劳工和资本是居在同样的地位，有劳工无资本还可以生产；有资本无劳工，是不能生产的。因此，他们虽富有资本，我们若不做他们的劳工，他们的工厂、公司、商店或银行，一定就要倒闭了。因为他们本国的劳工很贵，并且人民很少，不雇我们中国人是不成的。还有一层，他们来到中国的，多半是贵族同资本阶级，自己多不愿做劳力或卑贱的事情，所以这些事情也都非请中国人做不可。我们若不替他们做，他们在中国就站不住脚了。总之，我们若做到不替他们服务的一层，就能制他们的死命。他们虽是禽兽之性也自然而然的要被我们驯服了。

但是这步功夫，在表面上看来似乎很容易做到，因为我们不替他们服务，便不替他们服务就是了，还有什么别的问题。然实际上却有很多困难的地方，最重要的，我以为就是生计问题。人人都知道，好逸恶劳，人之常情。但是我们人类都一天到晚忙来忙去，究竟为什么呢？这问题本很复杂，不易答复，不过我以为大部分，都为着衣、食、住三件事。于今，中国人固然可以不替英、日人服务，但因为衣食住所迫，实是无可如何了。所以我们要想使中国人不替英、日人服务，第一先决问题，就是如何去替现在已为或将来欲为英、日人服务的中国人的生计谋个解决的方法，我对这点有三个粗浅的建议：

一、由学生发启［起］组织一个各界调查委员会，将所有中国人现在替英、日人服务的人员调查一番，看究竟有多少，做一个统计。然后按各属分为几类，譬如属于工人的作一类，商人的作一类，银行的办事员作一类……以便分别设救济的方法。

二、由各界组织一个经济后援会，向人民个人或各机构募款，以拯救罢工的人员，并负保管款项的责任。然此不过是一个暂时治标的办法，因为捐款是有限的，而罢工的人数很多。并且一个工人不做工，不特影响到他个人的生计，而且对他全家人的生计都有影响。我们欲一律供给，根本上是做不到。不特此也，我们若永久使一般人员罢工，把他们可生产的劳工无用的［地］损失了，实是不十分合算。日久使他们不免变成一个游民。所以我们必得想一个根本的永久的计划才好。

三、要求中国的大资本家，组织一联合会，藉此机会集股，在上海、天津、北京、汉口及其他中国的大商埠多开设些大工厂、公司、商店和银行，或要求他们向现在已有的中国工厂、公司、商店和银行投资，使他们规模扩大。如此，就可以收容为英、日人服务及已罢工或欲罢工的中国人员了，并且增加谋事的机会。将来为生计所迫,而欲投身为英、日人服务的人们,亦可预防了。此事虽不容易成功,却是我认为确是再好没有的治本又能持久的方法。故我十分热烈的希望中国的资本家,此时赶快起来,不要把千载难得的良好机会断送了!

上列三项办法,如能办到,还有一点也不得不请同胞们注意的,就是俗语所说:"人往高处走,水往低处流。"英、日的资本家,比中国的资本家要富足几十倍,他们手段也狡猾得多,我们中国的资本家要想同他们竞争,恐定不免要失败。我举一例,譬如中国工厂,每日给工人工钱一元,他们便增加到两元,一般惟利是务的无智识的人民,就难免不被他们引诱过去了。如是,欲想使中国人不替他们服务,能做得到吗?故此时完全看我们中国人的自觉心和自决心如何。果然我们知道英、日两国的洋鬼子,是我们不共戴天的仇人,是残杀了我们同胞的禽兽,就是他们拿百倍的工资来引诱我们,我们都不愿意帮他们服务,莫说只一倍两倍了。所以,我希望同胞大家都要知道我们的廉耻所在,并要具有极强的决心,抱定宗旨,誓死不替英、日洋鬼子服务,来丧失我们的团体和我们个人的人格。不过一般无智识的人民,对此点恐怕尚未觉悟,所以还望一般有智识的人替他们开导指点,尽"先觉觉后觉"的责任。

发表于《京报副刊》1925 年第 176 期

日本侵略满蒙史述略及所订一切不平等条约

日本垂涎满、蒙由来已久，而其侵略之野心，暴露已非一日。中日战后，于缔结《马关条约》时，日本挟战胜之威，既得（我）高丽，复提出割让辽东半岛之苛求，强迫我国代表签字，其侵略满蒙之行为，于此即见其端。然比[彼]时欧洲列强见日本势力膨胀不免生畏忌之心，故甫于《马关条约》开始签字之际，俄偕德、法诸国，藉口维持公道，起而干涉，使日本已入胃之辽东半岛，不得不反刍以还我国。其痛恨深切，不问可知。然自是而后，满、蒙遂成世界注目之区，而为日、俄逐鹿之所矣。

爰帝俄时代，野心勃勃，积极扩展其国势，欲与其他列强争雄于世，奈俄国地处寒带，既无良好通商口岸，复乏不冻军港。初欲从地中海得一根据地以为出路，但阻于英、法、德诸国，计不得逞。乃不得不改变方针，专向远东发展。故不惜财力而有西伯利亚铁路及海参崴、大连二港之开辟，不特欲囊括满、蒙于其范围内，且有并吞朝鲜之雄图。此种阴谋，我国人固不知不觉，然早为日本所窥破。夫彼既视满、蒙为其俎上鱼肉，且与其属地朝鲜相毗连，卧榻之侧，岂容他人酣睡？况前恨未申，更欲寻衅以图报复。故毅然决然，愿与帝国一决雌雄，此即1904年日俄战争之所由爆发也。战争结果，俄国惨败，日本遂由俄国手中夺得我国旅、大之租界权及其他种种权利。故于1905年

9月5日即有波斯马斯（Portsmouth）条约之订定。该条约第五、第六两条之条文云：

　　第五条　俄国以中国政府之承认，将旅顺大连及附近领地领水之租借权与关联租界权及组成一部分之一切权利，特权及让与为租界权效力所及地城之一切公共房屋，财产均让与日本。

　　第六条　俄国以中国政府之承认，将吉长，宽城子，旅顺间之铁路及其一切支线，并同地方附属一切权利，及财产，与其所得经营之一切炭坑无条件让与之。

是年12月22日，日本即遣小村[①]全权来京，除要求我国政府正式承认波子马斯条约[②]之五、六两条外，更缔结所谓《中日满洲善后条约》。是约关于经济之重要条款凡三：

　　第一条　中国政府于日俄两国撤退军队后，开左记之地方为商埠：
　　甲、盛京省之（1）凤城（2）辽阳（3）新民（4）铁岭（5）通江子（6）法库门。
　　乙、吉林省之（7）长春（8）宽城子（9）吉林（10）

---

① 即小村寿太郎，日本特使，《朴次茅斯条约》签订后，来华要求中国政府承认条约中有关中国东北的处置。1905年12月22日，中日签订《会议东三省事宜下约及附约》，清政府被迫承认《朴次茅斯条约》中所规定的沙俄转让给日本的中国东北一切权利。——编者注

② 即前文所提"波斯马斯条约"，今译"朴次茅斯条约"。——编者注

哈尔滨(11)宁古塔(12)珲春(13)三姓。

丙、黑龙江省之(14)齐齐哈尔(15)海拉尔(16)爱珲(17)满洲里。

第六条 中国政府允将安东—奉天间军用铁道仍由日本政府接续管理，改为专运各国商工货物铁道。自此路改良竣工后之日起（除运兵归国耽延十二个月不计外，以二年为改良竣工之期）以十五年为限，即至光绪四十九年止。届期双方选请他国评价人一名，妥定该铁路各物价格，售与中国。至该铁道改良办法，由日本承办人与中国特派员妥实商议。所有办理该路事务，中国政府援照东清铁道条约派员查察、经理。

第十条 中国政府允设一中日合同材木公司以采伐鸭绿江右岸之森林，其地区年限与公司如何设立及一切共营章程另订详目规定。

迨1907、1908年，复订《新奉吉长铁路协约》及《续约》，中国收买日本所造由新民屯至奉天省城之铁路作为京奉路之一段外，另办吉长铁路。两路所需款项，皆向南满铁路公司筹措一半，是为日人攫取路权之始。

1909年（即宣统元年）更有东三省交涉五案条款之订定：

第一款 中国政府如筑造新民屯至法库门铁路时（该路系当时拟向英商借款修筑以抵制南满路者），允与日本政府先行商议。

第二款 中国政府承认将大石桥至营口支线为南满铁路

支路,俟南满铁路期满一律交还中国,并允将该路支路①末端展至营口。

第三款　中国政府承认日本政府开采抚顺、烟台煤矿之权。

第四款　安东铁路沿线及南满铁路干线矿物,除抚顺、烟台外,应照光绪三十三年(即1907年)东省督抚与日本总领事所议大纲,由中日两国合办。

日人遂得南满方面铁路之独占权及安奉、南满两路境线之矿权矣。

中日条约之中,助日人在南满洲经济之发展者,尚有陆路运货减税办法:1911年(即宣统三年)已有《中日满韩铁路国境通车章程》,规定军用物品及建筑材料、学生旅行等减税章程。至1912年(即民国元年)更有《朝鲜南满往来运货试行办法》之规定,凡应纳税货物装火车由东三省运往朝鲜新义州以东各地方及由新义州以东各地方运入东三省者,均应分别完纳海关进口税三分之二。则日商陆运货物,较之他国海道运输之货物得减税三分之一,益助日商垄断东三省商务之势力矣。

1908年因间岛问题之纠葛,日本复迫我国政府承认下列数款:

一、开放龙井村、局子街、头道沟、(百草沟)②四处准

---

① 原文此处多一"路"字。——编者注
② 原文漏掉"百草沟",经查核刘彦所著《中国近代外交史》所载《间岛条约》订补,见该书第十三章第三节"南满洲问题"。

外人居住贸易，日本得置领事或领事分馆。

二、仍准韩民在图们江北之垦地居住。该项韩民服从中国法权，但一切诉讼，日本领事或委员有到堂听审之权。其人命重案，则须先行知照。如听审者指出不按法律判断之处，得有请求复审之权。

三、中国允将吉长铁道延长至吉南边界，与韩国会宁铁道相络。其一切办法一律照吉长铁路前例，开办日期由中日两国政府商议行之。

国权之丧失，莫此为甚！

日本侵略满洲既已着着成功，乃欲更进一步，欲扩展其势力以至蒙古。故1912年5月16日所谓《日本在东内蒙有自然利害关系》之宣称忽见日本政府致美国政府通牒中，由是而向中国索取满蒙五铁路之建筑权，由是而侵略区域满、蒙并称矣。

翌年（1913年）10月中国正式选举大总统后，要求各国承认之时，日本以有机可乘，遂向我政府要求承认其满蒙五路之建筑权，以为交换条件。五铁路者：

一、开原至海龙城——开海铁路

二、海龙至吉林——海吉铁路

三、四平街经郑家屯至洮南——四洮铁路

四、洮南至热河——洮热铁路

五、长春至洮南——长洮铁路

政府不得已于10月5日承认之。关于一、二、五三路，由中国依《浦口—信阳铁路借款条约》之例，向日本资本家借款建筑；其三、四两路，中国将来建筑必需外资时，先向日本资本家借款。日本之侵略内蒙，自此即发轫矣。

至1915年日本利用袁氏称帝之野心，且乘欧战方酣，列强不暇东顾之机会，遂变本加厉，忽于1月向中国提出二十一条之要求。该通牒中共分五项，关于南满及东内蒙古二项凡七条，兹录其原文如左：

一、两缔约国约定将旅顺、大连租借期限并南满、安奉两铁路之期限，均展至九十九年为期。

二、日本国臣民在南满为盖造工商业应用之房厂，或为经营农业，得商租其需用地亩。

三、日本臣民得在南满洲任便居住、往来，并经营工商业一切生意。

四、如有日本臣民及中国人民除照顾在东部内蒙合办农业及附属工业时，中国政府可允准之。

五、前三条所载之日本臣民，除照例将所领之护照向地方官注册外，应服从中国警察法令及课税。民刑诉讼，日本国臣民为被告时，归日本领事审判；中国人民被告时归中国官吏审判，彼此得派员旁听。但关于土地，日本国臣民与中国人民之民事诉讼，照中国法律及地方习惯，由两国派员共同审判。将来该地方司法制度完全改良时，所以[有]关于日本国臣民之民刑诉讼即完全由中国法庭审判。

六、中国政府为允诺外国人居住贸易起见，从速自开东部内蒙合宜地方为商埠（地点章程由中国政府自行拟定，与日本公使协商后决定之）。

七、中国政府允诺以向来中国与外国资本家所订之铁路借款合同规定事项为标准，速从根本上改订吉长铁路借款合同。将来中国政府关于铁路借款事项较现在各铁路借款合同为有利之条件给与外国资本家时，依日本国之希望，再行改订前项合同。

此外尚有下列各种重要照会：

（一）南满矿山让与之照会

日本国臣民于南满洲左列各种矿，除业已采勘或开采之各矿区外，速行调查选定，中国政府即准其采勘或开采……

  1. 本溪县中心台之煤矿

  2. 本溪县田什付沟之煤矿

  3. 海龙县杉松岗之煤矿

  4. 通化县铁厂之煤矿

  5. 锦州暖池塘之煤矿

  6. 自辽阳至本溪安山站一带之铁矿属于吉林省之矿区

  7. 和龙县杉松岗之煤矿并铁矿

  8. 吉林县缺窑之煤矿

  9. 桦甸县夹皮沟之金矿

（二）满蒙借款优先权之照会

嗣后南满洲及东内蒙古需造铁路由中国自行筹款建造，如需外资，可先向日本资本商借。又中国政府嗣后以南满洲、东内蒙之各种课税作抵与外国借款时，当先（与）日本资本家商借。

（三）南满聘用顾问之照会

嗣后如在南满洲聘用政治财政军事警察之外国顾问教官时，可优先聘用日本人。

（四）商租解释之照会

本日画押关于南满东内蒙约内第二条"商租"二字须了解含有不过三十年之长期，及无条件而得续借之意。

（五）制限警章及税则之照会

本日画押关于南满东内蒙约内第五条之规定，日本国臣民应服从中国之警察法及课税，由中国官吏通知日本领事接后施行。

以上诸条款及其他要求，当经我国驳覆，其后屡经修改磋商，卒不得要领。至5月7日日人竟悍然以《哀的美敦书》[①]相逼，其侮辱我国主权，盖何如耶！然我国处于胁迫之下，不得已承认其关于满洲部分者，改为：

一、对于日人延长旅顺、大连两地及安奉、南满两路至九十九年之要求，予以承认（南满铁路经营期限系根据《东省铁路合同》，由一九〇三年起八十年无偿收回，惟三十六

---

① 哀的美敦书，音译，即最后通牒。——编者注

年后得由我国政府给价买收。安奉铁路期限以十五年为期，已见前）。

二、对于日人第二条之要求，许其在南满为建设各种商工业之建筑，或经营农业商租必要之土地。

三、许其在南满自由居住、往来，从事各种商工业及其他业务。

四、日人在东蒙与中国人民合办农业以及其附随工业时，中政府予以承认。

五、有前三项所言情形时，日人应以旅行照会提交地方官登记，服从中国警察法及课税法。

六、民刑诉讼由被告方面法庭审理，而关于土地之民事诉讼，则两国派员依照中国法律共同审判。

七、中国依照从来中国与其他外商所订铁路借款条约，速将关于吉长铁路之协约、契约等加以改定。以后对外国资本家予以较现在诸铁路借款更优之条件时，吉长铁路亦得援例改订，等等。

凡此威迫之条约，在法理上是否有效，固不待言而后明。但替日人设想，得此种种不法权利，而大展其势力于满蒙，亦宜知足矣！

乃日人仍贪得无厌，1918年（即民国七年）间复迭有满蒙四路借款、吉会借款、吉黑森林、金矿借款之商定，以谋遂其经济侵略之图。

先是1913年（即民国二年）10月5日，中、日两政府间曾有照会，约开海、海吉、四洮、洮热、长洮五路之修筑费用，由日本资本家借款供给（见前）。其后，除第一项四郑铁路于1916年（即民国五年）12月间实行借款兴筑外，其他均搁置未议。及1918年日商乘我财政之急，由日本兴业银行代表于6月间订结《吉会铁路借款预备合同》，垫借一千万日元，以为六个月内订借吉会铁路合同之基础，俾便建造由吉林经过延吉南境及图们江以至会宁之铁路。9月间订结《满蒙四路借款预备合同》，垫借日金二千万元，以期于四个月订结正式合同。满蒙四路即：

（一）由热河至洮南；

（二）由吉林经过海龙至开源；

（三）由长春至洮南；

（四）由热洮铁路之一地钟（点）达某海港之铁路。

是年8月又由中华汇业银行代表以黑龙江及吉林两省金矿并国有森林与两省之政府收入为担保，借款三千万日元。其后诸约中，除林矿借款所附约之采金、森林两局由我国照约实行外，其他铁路借款正约皆未订结。而新银行团成立时，日本银行团并允以洮热铁路归诸银行团，故至今仅为债款关系。然将来续订正约，仍属可能，稍一不慎，利权随之，此尤不能不望国人之注意也。

近年来，我国内乱频仍，未暇顾及边陲。日本在满蒙遂益活动，"积极政策"时有所闻。自田中组织内阁以后，此种声浪更日高一日。所谓"积极政策"者，不外乎将满蒙一切富源统归其经营管辖之下。而其亟欲解决者，厥有下列两点：

（一）铁路问题

"缘东三省从前只有南满、中东两路占交通命脉。七八年来，中东铁路因俄国势力衰弱，无所发展。惟南满则展拓甚速，如吉长、四洮皆依南满借款而成，不啻为南路支线，势力寖达北满、东满。迨京奉支线之打通路告成，由通辽可至洮南以接洮昂路而达昂昂溪，不经南满路之周折，为东满别开捷径。一方面则官商合办之奉海路告成，将西满亦另画交通。将来由吉海、奉海达成一片，则吉林到北京，可不达南满线……"故日人极为焦灼而思有以抵制也。

（二）商租问题

日本前于二十一条中即有商租权之要求（见前），但"日本现在亦要变更方针，不但要租地经营，而且还要求有买卖土地的权。现在满蒙两地地价很贱，由一角银子一亩到两三元不等。若果要开放起来，不到几年的功夫，就完全被日人收买了。况且日本当局看见自己本国人到东三省去的不多，就想出移殖朝鲜人到东三省。所以现在他们的要求，一面还是替朝鲜人着想，因为朝鲜人到了现在，亦算是日本人了"。①

本年正月，日本竟有向美国资本家借款开发满、蒙之提议。夫满蒙乃我国之满蒙，如借款开发，我国政府自己亦可办理，何须日本越俎代庖？此亦不过巧立名目，以图掩饰天下之耳目耳！

最近因国民革命在军事方面已告成功，日本诚恐我国统一，危及其在满蒙之权利，乃不惜百般阻挠，甚至有必要时将取断（然）手段占领满蒙之谬论，其蔑视中国主权，莫此为甚！

总之，日本之侵略满蒙，得步进步，得尺进尺，无隙不入，

---

① 这两段应是引文，但原文未注明出处。——编者注

无孔不进。其今后所采行动，必变本加厉，可断言也。吾人岂可坐视，而不思有以对付哉？

　　编者按：这篇文字是从朱君的《日本侵略满蒙的经济政策》一文中节裁出来的。该文长约两万余字，为陈达博士现代文化班的论文。兹因本刊编印边疆问题专号，故特征得作者及陈先生的同意，将该文的第二编录出付印。①

十七年十二月二十三日于编辑室②

发表于《清华周刊》1928年第30卷第8期

---

① 此段系《清华周刊》。——编者附言
② 此处指的是民国十七年，即1928年。作者文末所署时间多用民国纪年，下文同。——编者注

介绍一个学术机关——布鲁京斯研究社
（THE BROOKINGS INSTITUTION）

美国为现代最进步的国家，无待赘言。即以其所有的学术及文化机关而论，也可说是到处林立，不胜枚举。然其中贡献最大的，名望最高者，当推布鲁京斯研究社。故其创办的经过、抱定的宗旨、现有的组织，及其工作进行的概况，均足有介绍与国人，加以认识的价值，此即是本文唯一的使命。惟目前关于该社的参考资料甚感缺乏，故本文所述者，多系根据该社所刊行的下列两种说明书：

The Brookings Institution, Washington, D.C., 1920.

T*he Brookings Institution: What It Is and What It does*, Washington, D.C., 1935.

此外再将作者自己从前参观该社所留下的一些印象略加补充，若犹有未尽或不正确的地方，尚希读者原谅！

一、该社创设的经过

该社诞生于1916年，发起人有纽约（New York）之诺吞（Charles D.Norton）、格麟（Jerome D.Greene）、福斯狄克

(Raymond B.Fosdick)、司特老司（Frederick Strauss）、新哈文（New Haven）之斯托克斯（Anson Phelps Stokes）、波士顿（Boston）之刻替斯（James F.Curtis）、巴尔的摩尔（Baltimore）之古德诺（Frank J.Goodnow）、华盛顿（Washington）之奈仪（Charles P.Neill）、克利夫兰（Cleveland）之马特（Samuel Mather）、支加哥（Chicago）之赖尔生（Martin A.Ryerson）及圣路易（St.Louis）之布鲁京斯（Robert S.Brookings）诸氏。他们多系当时在社会上负有名望的学者或商人。布氏初虽非拟创计划者之一，然一俟该社开办后，他即在经济方面竭力从中襄助：除得洛氏基金团（Rockefeller Foundation）[①]慷慨的拨款接济外，并向各方募捐，以资弥补。故该社在初办的时期中能得维持而不夭折者，均可归功于布氏一人。

该社初名"政府研究所"（Institute For Government Research），而当时研究的范围，亦仅以美国联邦政府的动向为对象。盖当时正值欧战扩大之际，美国联邦政府为应时势的需要，不特其固有的机构日形膨涨［胀］，且增设许多新机关，以统治各种新事业。因此，如何防止畸形的发展，避免权限上及事务上的冲突与重复，换言之，即如何使发展甚速的政府机构能得合理化并能增加行政效率，极为当时关心政治的人士所关切。而布鲁京斯研究社也就应运而生了。

在欧战期中，美国的工商业均得着格外迅速的发展，故在战事结束后，美国的经济情形已大异于曩昔，一切新发生的重要经济问题有急待客观的研究及解释的必要。故于1922年纽约的卡

---

① 即洛克菲勒基金会。——编者注

内基法团（Carnegie Corporation）经布氏的劝诱，即慨然出资与办一"经济研究所"（Institute of Economies）。

上言两所既告成立，布氏犹以为不足。乃于 1924 年复添设一"经济政治研究院"（Graduate School of Economies And Government），目的在培植并鼓励专门研究的人才，以补各大学教育所不足。迨 1927 年 12 月 8 日此院与"政府研究所"及"经济研究所"合并为一，总称为"布（鲁）京斯研究社"，用以纪念布氏苦心经营的丰功伟绩。而现在该社在华盛顿首都所有的社址及壮丽的屋宇，亦系布氏去世后由其夫人伊萨伯发勒女士（Mrs.Isabel Valle'Brookings）所捐助，像这样热心公益事业的一对贤伉俪，诚足为世人所取法。

二、该社的性质及组织

该社虽由私人集资开办，但非普通合股商业公司所可比，因为其目的不在谋获厚利，而在以客观的态度，探讨现代美国所有的政治及经济问题，将研究所得的结果，供诸政府采择实行。同时，并注重专门研究人员的养成，以供政府及社会的应用。

在其特许状（Charter）中曾特别慎重声明："本社在行政上，一秉至公，对任何团体的利益，无论其为政治的，社会的，抑是经济的，均无所顾忌。"其性质的纯洁，宗旨的正大，由此即可窥见。

该社自原有的三部分合并以后，其组织与管理当然也已随之

19

改变。根据该社去年[①]的报告，其组织的现况，约略如下：

董事会——此为该社最高的机关，负责管理基金之责，以十五人组织之，内推主席及副主席各一人，会员则系由该会向各界中聘请有名望者充任。凡该社所采取的政策及工作计划，均须先经董事会通过。但该会于行使其权限时，恒自动加以限制，只要该社一切行政不出常轨，对于枝节细目，向抱不干涉的主义。而该社研究所得的结果，亦毋须经董事会的许可即可发表。

社长——该社所有的政策及行政事项，均由社长在董事会监督之下负责实行。

副社长——社长之外另设执行副社长一人，除辅佐社长管理行政事项外，并兼理训练的工作。社长及执行副社长均由董事会指派。

研究人员——经济研究所及政府研究所各设所长（Director）一人，其下则各有长期专门研究员多人（数目时有变动）。遇有特别问题需要研究时，则可随时添聘临时专门研究员若干人——据去年的统计，此项临时研究员共达二十四人之多。

事务人员——内设会计一人，管理该社财政事项，至于办理收支、社址、办公室及职员住宅的保管，以及其他杂务，则由庶务负责。此外如印刷、发行刊物、图书室管理及统计事宜，则各设专员担任。兹为使读者对该社的组织能得一个更清晰的观念起见，特制图如下：

[①] 该文发表于1936年，去年即1935年。——编者注

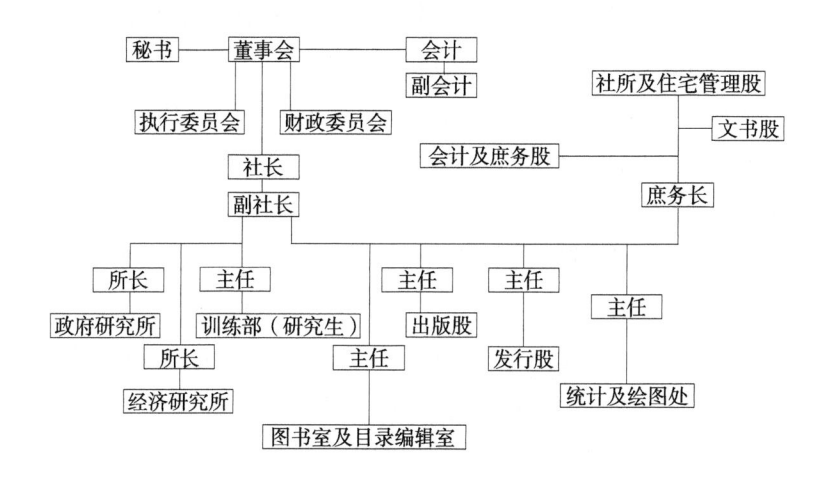

```
秘书 ── 董事会 ──── 会计
          │          副会计
        执行委员会  财政委员会                社所及住宅管理股
                                                    ├── 文书股
             社长            会计及庶务股
             副社长                        庶务长

    ┌────────┬──────────┬─────────┬────────┐
   所长      主任       主任      主任
 政府研究所  训练部(研究生) 出版股           主任
   所长                  主任    发行股
 经济研究所             图书室及目录编辑室   统计及绘图处
```

三、该社的工作进行概况

（甲）行政研究——作者在前面已经说过，该社的政府研究所于成立之初，仅注重于美国联邦政府行政的改进，但后来对于州及地方政府的改造贡献亦多。兹为方便起见，分别讨论。

（一）关于联邦政府的。联邦政府的财政制度即为该社政府研究所最先研究的问题，当时该所的所长即是负有行政学权威的韦洛贝教授（William F. Willoughby），在他的指导之下，该所曾将其他各国现行的财政制度，作一有统系的比较研究，截长补短，遂协助政府拟具财政制度改革的计划。1921年美国国会乃根据此计划通过所谓"联邦预算法案"，树立了一个健全的预算制度，而第一届的预算处处长于实施该新预算制度时，又多赖该所予以技术上的帮助。今该制度不特已甚形巩固，且已成绩斐然，此不能不算是该所一种最显著的贡献。预算制度的改革既告成功，该所即进而研究联邦政府的其他行政问题，例如各机关的会计制度及造具报告的方式的改进，悉已照该所所拟就的方案，一一见诸实现。又该所对于联邦政府各部的主要单位的历史、人物及组织，亦均出有单行本（至去年为止共已出六十六册），阐发详尽。并著有行政原理及例证之书籍甚多，询[洵]足为学校及学者的标准参考材料。此外，该所经美国内政部之请求，曾对美国的"印的[第]安民族"事务管理局（Bureau of Indian Affairs）所采取的改革计划亦多建议。又前夏威夷（Hawaii）所实行的财政改革计划，亦系由该岛的总督（Governor）委托该所拟就照办。简言之，美国联邦政府年来行政上的改革，直接或间接受惠于布鲁京斯研究社者实在不少。

（二）关于地方政府的。该社的政府研究所近年对于地方政府的研究，亦不遗余力。其研究的方法，即从调查的范围着手，包括州政府（State Government）的行政组织、税制、财政的行政与统制（Fiscal Administration and Control），甚至于公务人员的管理制度（Personnel System）。此外，对于县政府的组织与行政（County Organization and Administration）以及地方政府与州政府间所有关于公共卫生、公路、教育及公共幸福（Public Welfare）的行政关系，无不加以深切的注意。该所于派人赴各省调查时，所需经费概由各州政府或地方政府供给。调查所得的事实，则用客观的态度和科学的方法加以分析。然后拟就意见书，建议于各关系州或地方政府，以备采择。现调查已竣事者有北卡罗来纳（North Carolina）、密士失必（Mississippi）、新罕木什尔（New Hampshire）、衣阿华（Iowa）及俄克拉何马（Oklahoma）诸州，其作所之调查报告，已成为今日美国地方政府革新运动的模范读本。

介绍一个学术机关——布鲁京斯研究社

再者,近年因联邦政府统治的事项日渐增加,权限日益扩大,而其与州及地方政府的关系亦随之愈形密切而复杂。有见于此,布鲁京斯的政府研究所觉其所采的方针也有改弦更张的必要,故于1932年尉罗比所长[①]辞职后,继任人荷尔氏(Arnold Bennett Hall)对公共幸福、教育、公路及法律实施(Law Enforcement)等项,已拟就新的研究计划,以求行政机构能适合于现代的需要。最近所刊印的《公共幸福组织》(*Public Welfare Organization*)一书,即是该所"新政"的先锋,其余各项计划亦正在努力进行中。

近来因政府的统制范围既一天比一天扩大,其行政动向,当然也免不了渐与经济问题发生密切的关系,故该社的政府研究所的工作亦渐渐与其经济研究所的工作互相衔接而有通力合作的趋势。

(乙)经济研究——该社经济研究所于成立之始,即老老实实地声明:"本所的唯一目的,即是确定关于现代的经济问题的一切事实,再用最简单的法方来解释事实,以便使美国人民对之易于瞭然。"此后,该所即本此旨进行。

在最初十年中,该所侧重于国际金融、商业政策、农业经

---

① 即前文之韦洛贝教授。韦洛贝,今译魏劳毕或威洛比(1867—1960),美国著名经济学家、行政学家。1912—1917年任普林斯顿大学政治学与法学教授,并担任塔夫脱(William Howard Taft)总统设立的"节约与效率委员会"(Committee on Economy and Efficiency)委员。1916—1932年任普林斯顿大学政体研究所所长,1927年以该所为主体组建布鲁金斯学院,担任院长。魏劳毕教授是美国现代行政学的重要奠基人,是1921年美国《预算与会计法》的主要起草人,他的《行政学原理》一书与怀特·伦纳德的《公共行政学研究导论》并为现代公共行政学的奠基之作。——编者注

济、劳工问题及货币信用（Money and Credit）制度。其研究的方法，是预先拟定一组带有特殊性而同时却互有连［联］系的问题，迨各个问题得有正确的分析和解决的途径，然后再探求其相互因果的关系，而估计一个总解决的办法。譬如该所最初研究的，即以欧战后的赔款及战债为中心问题。当时德国的经济状况当然是该问题的骨干，故该所即从此着手。1923年印行一本手册名曰《德国付债的能力》(Germmany's Capacity to Pay)，其中对内债及外债两个不同的问题应该分别的一点，发挥十分透澈，遂成为"道威斯计划"(Dawes Plan)的张本。该所在国际上的地位，亦因之而提高不少。嗣后，该所对法、意、布加利亚（Bulgaria）以及多瑙河流域诸国（Danubian States）国内的经济状况及在国际上的经济地位，均一一加以详尽的研究，研究后所刊行的单行本，无一不为世人所称道，即各国所委派的战债交涉代表，亦莫不引为最上的参考资料。

迨各国个别的研究既告完成，国际经济总问题的症结所在亦水落石出，而得着一个解决的途径了。于是该所综合起来，1932年出了一本全集，命名为《战债与世界的繁荣》(War Debts and World Prosperity,1932)，凡读过此书的人，当知其见解有独到之处。

近年美国遭受空前的经济恐慌，于1932年罗斯福总统登台时，其国内几已到了危机四伏，岌岌不可终日的地步。故罗斯福就职后，即宣布紧急时期，以快刀斩乱麻的方法，实行所谓"新政"，以图补救。"新政"中的名目繁多，但最重要的当推《国家工业复兴法》(National Industrial Recovery Act)，简称为(N.R.A.)及《农业调整法》(Agricultural Adjustment Act)，简称为(A.A.A.)。为推行这些"新政"政策，联邦政府于固有机构外，又添设了许多新的机关，以其既多属临时和实验的性质，其工作的进展与其对民生所发生的影响，均有待客观的检查及监视的必要。故布鲁京斯经济研究所特分派大批专家就近研究"新政"的实施，刊行书报，俾人民得明真相。其研究的程序，约分二项：（一）关于试验时期中新经济的组织及统制的进行状况；（二）关于澈［彻］底改善国内经济的根本问题。对此，该所①拟定"财产及所得的分配与经济进步的关系"（The Relation of the Distribution of Wealth and Income to Econmic Progress）以为研究的总题。现已出版者有（1）《美国的生产能力》（America's Capacity to Produce）（2）《美国的消费能力》（America's Capacity to Consume）（3）《资本的构成》（The Formation of Capital）及（4）《所得与经济进步》（Income and Economic Progress）四大书本，对于国家繁荣与经济复兴的主要因素，举发无遗，询［洵］为学术界一大贡献。

然该所认为社会科学中具有同样重大的问题尚多，惟限于经济，一时不能兼顾，拟一俟财力充裕即将扩大研究的范围，吾人只有预祝此项计划，得早日实现。

四、训练工作

布鲁京斯研究社为培植并鼓励专门研究人才起见，特设有奖学金，每年取录的名额，以 15 至 20 人为限。凡大学毕业生已读完博士学分或已得博士学位者，方可有竞争此项奖学金的资格。近年该社且已与各大学商订合给奖学金的办法，即各关系大学每

---

① 原文误为"对该此所"，已更正。——编者注

年由其优秀的研究院学生中挑选一人送至该社的研究院实习，所需用费，由双方平均担负。现已与该社商妥此种合作办法者有耶鲁（Yale）、布拉文（Brown）、科涅尔（Cornell）、拉得克利夫（Radcliffe）、米什根（Michigan）、维基尼阿（Virginia）、俄亥俄省（Ohio state）、芝加哥（Chicago）、垦塔启①（Kentucky）、宾夕法尼亚（Pennsylvania）、威斯康星（Wisconsin）诸大学，及夫勒拆法学及外交学院（Fletcher School of Law and Diplomacy）。其他各大学的经济及政治系已表示赞许此项计划者，为数亦多，惟均因财政困难，尚未实行选派学生而已。

凡获得上项性质的奖金的研究生，于来该社时，须先自行拟定单独研究的计划。入社后由该社指定在社职员一人或多人充任顾问，以便随时指导各个研究生的工作，并设法介绍与对其研究题目有关系的政府机关、国会图书馆（Library of Congress）或其他附近的图书馆接洽，以便易于搜集材料。平日研究生在社中并不担任任②何职务，亦无须正式上课，但该社每年组织一社会科学研究方法讨论班（Seminar in problems of method in social sciences）及一社会科学中的主要问题讨论班（Seminar dealing with some major problem or problems in social sciences）。除研究生外，该社所有的职员，或特聘的专门研究人员、各政府机关的官员、各大学的教授，甚至有时由外国来观光的学者均可参加。此外，定有晚间讲演会序，每次举行讲演会后，常于第二日由演讲人与研究班开一座谈会，作更进一步的讨论。次则如该社的社交

---

① 今译肯塔基，是位于美国中东部的一个州。——编者注
② 原文为"若"，似为"任"之误。——编者注

室、餐厅等等，亦恒给研究生与社内职员及外来的学者或政府官吏互相接触及交谈的好机会。然该社对研究生除负扶住［助］及指导之责外，对于各个人所研究的题目及性质，又其成绩若何，均不过问。

该社虽经政府许可，有给予博士学位之权，然从未如此实行过，故在该院的研究生，若尚未完成博士学位者，实际上仍未脱离其母校的关系，于奖学金满期后，尚须回到母校取得博士学位。

五、推广智识的方法

我们在前面已经指出，该社特设有发行股，负责推广刊物销路的责任。但该社既非商业性质，当然也不像普通商店采用名不符实的广告，或其他竞卖的方式，以图诱惑读者。该社只求用最浅近的文字发表其研究所得的结果，取价亦力求低廉，使人人都有购买而乐于买的机会。出版的书籍，著作者并不能分润红利，所得无论多少，均归该社公有，用以补充进行其他研究计划的经费。

至于该社对于政府机关索求刊物的一点，早就固守一贯的政策。一切出版的书籍，概不自动的［地］赠给国会会员，但社长每年将最近所出版的刊物函告各国会会员一次或两次，令其注意。如有需要者，须用书面请求，方行奉寄，即如此，亦恒有应接不暇之势。除国会中两党合组的委员会（Bipartisan congressional committees）间有特别请求，可以行将出版而尚未装订的印稿（page proofs）供其参考外，其他国会会员，绝对不能以私人资格要求享受此项权利。

该社与联邦政府行政院的关系则颇特殊，因为各行政机关不特常向该社索求参考材料,且常聘请该社的职员作专门顾问,或予以技术上的帮忙。不过该社为避免嫌疑计,雅不愿替政府担任任何的特别研究或调查工作,除非此项研究或调查所得的结果将公布于社会,使两党的党员及全体人民均有鉴阅的机会。又若非经国会某委员会的特别请求,该社的职员不得参加国会的听审(Congressional Hearings)或作辩证人(Testify)。唯其所取的态度是不偏不袒,不带任何色彩,平日在思想上只根据事实立论,不尚空谈,更未曾加入任何派别,故其已出版的刊物,很少受社会上不良的批评。纵间或有之,亦不过因其所下的结论过于正直,致触犯某一团体或政党之怒而已。至于美国的新闻界对于该社的言论,无不同情或尊敬,故该社每年有新材料发表,各报莫不争先恐后的为其转载。次则如刊行小册子,利用无线电广播,发表短篇论文,亦是该社推广学术的重要媒介。

六、结论①

布鲁京斯研究社既经上面简略的介绍,其在学术界的地位为如何,读者当自能估计,不必待作者为之吹嘘。不过该社的印玺上所刻的三项原则,很可以表现其精神之所在,这三项就是:(一)研究(Research),(二)致知(Understanding)及(三)公共服务(Public service)。所以,作者也不妨引来作此篇的尾语。

发表于《行政研究》杂志1936年第1卷第3期

---

① 原文序号误为"七",已更正。——编者注

美大选后之政治展望

美国此次的选举，在其本国的历史过程中，及在国际的局势上，均具有特别重要的意义，故为举世所瞩目。今据报载，罗斯福已复当选，所得票数之多及人民拥护之热烈，较1932年当选时犹有过之，由此足见民心之所向。现在我们所须注意者，乃是此后美国在罗斯福的领导之下，政治有何变动或有无变动。质言之，罗斯福既复握有政权，将继续其所谓"新政"，甚至变本加厉，抑或看风转舵，改弦更张，另出新花样？

我们欲推测罗斯福今后对美国政治有无变动或有何变动，可检查其过去施政困难之点，而推知其今后决心改变的途径。特将吾人之见解，开陈于左。①

罗斯福前此所行的"新政"，虽然各种方案都是临时抱佛脚，仓促之间所产生的，事前并未考虑周密，以致朝令夕改、前后矛盾，缺乏系统和一贯的政策。有人认为他只是一个投机家，不足以解决美国的根本问题，但就大体而论，却是一种反自由主义而建立中央集权与"计划经济"的试验，只是受了宪法的束缚，未能放手做去。其《国家复兴法》及《农业调整法》，都一一被大理院②判

---

① 原文竖排，所以后文居左，此处应改为"如下"。——编者注
② 即美国联邦最高法院。——编者注

为违宪。其稍近治本的政策既均受阻挠，所剩下的只是几个治标的办法，如"公共工程"及救济事业而已。这些事业均需巨款方可维持，因此又得了一个滥用公帑的恶名。这些，都是罗斯福过去施政遭遇困难之点。罗斯福当时为什么不提出修改宪法或减削大理院的权力，以推行其政策？只因下届总统选举期近，若骤然将宪法问题提出，难免不引起各方的反感而遗［贻］共和党以口实，以致影响他此次的竞选。且美国宪法修改，也不是一件容易的事——第一次要国会两院三分之二提出，或由各州立法院三分之二之请求，再经各州立法院三分之二之采纳，始能通过。如此，每次提出的宪法修正案，快者亦须数月，慢者则须一二年不等。罗斯福以投鼠忌器，只好装作哑子吃黄连，有苦说不出！

现在大选已过，罗斯福以最多数票而获选，此虽不能说是美国人民对他所行的"新政"表示完全拥护，要亦给他一个再试的机会。照例，美国的总统最多只能连任一次，罗斯福纵有多大的野心，当然也不能打破前例而存做第三任总统的幻想。所以他现在除了努力树立一种政绩，留为后世纪念以外，已无其他的顾虑。他尽可大刀阔斧的［地］干下去，且他已有了四年的经验和筹划，驾轻就熟以后的措施，当然比较有头绪和系统，不至像从前头痛医头、脚痛医脚那样慌张的情形。然而，要达到他的目的，非有更大的权力不可，要得到更大的权力，则只有两条路可走：

（一）削减大理院的权限，这可由国会提出增加该院法官的人数——即由九人增至十三或十五人，委任对他的政策同情者或民主党员以补充新添的法官，如此即可控制该院大多数的票；次则改现在的五对四为七对二的票决制度，使立法案不至轻易被该院认为不合宪法。①

（二）提出宪法修改案，使联邦政府的统治权扩大。前者易于做到，却带有高压手段的性质；后者虽需时较久，手续也很繁难，然比较的稳健些。罗斯福究将采取那一个步骤，我们虽不敢断言，然而观他这次重得当选，拥护他的多数是劳工及小资产阶级，他一定要有比"新政"更进一步的政策，极力压倒大资本集团的反动，方足以副众望而挽颓局。至罗氏如欲推行"新政"达到更进一步的政绩，以吾人观之，必须由上列两条路中，选择其一条走去，然后才有可能。

最后我们要指（出）的，就是美国的自由主义及其附产品资本主义，已到了日暮途穷的时候，在此次大选后，有改向中央集权及国家社会主义方向走去的可能。罗斯福当为走此条路的前导，最后的成功，恐尚须经过多少的波折与长久的时期。我们局外人，只有拭目视之而已。

《青年公论》1936年第1卷第2期

---

① 原文括注："原美国宪法解释的权限，操于大理院九位法官之手，这九位法官一经总统任命以后，只要安守本分，品行端正，即可终身任职不受总统或国会丝毫的控制。至于解释宪法时，九人中以五对四的票数，即可表决某一立法案为合法或不合法，故美国的政制名虽为三权鼎立，实则是司法权高于一切，而成形一种少数独裁制。平常大理院的法官虽以大公无私的精神来审察立法，专以防止政府侵害民权为主旨，然他们多属于高年昏聩，思想不免落伍，有时因与总统的政见不合，到处故意为难，对宪法仅作狭义的解释。此种纠纷在美国的历史上已数见不鲜，最近将罗斯福'新政'内各重要法案一一推翻，已惹起舆论的反感。"推其原意，改为脚注。——编者注

美国使领馆人员之考选制度

(此系摘译作者的博士学位论文之一段[①],参考资料,详见该文内,恕不另注,以节篇幅。)

一、十九世纪中的一般情况

美国自脱离英国的羁绊而成为独立自主国以后,即转移目标,集中精力,以谋内的团结和发展;对外则只求"人不犯我,我不犯人"为鹄的——这就是普通所谓"孤立"或"闭关自守"政策(Policy of isolation)。一位著名的历史学者费什(Carl Russell Fish)曾说:"到了1815年,美国的外交已不能左右内政,1830年后外交反因内政而转移,当捷克生(President Jackson)执政时,'肤浅'的外交(Shirtsleeve diplomacy)已经开始,但此种外交一直到了南北战争以后方达于极点。"(*American Diplomacy*, New York, 1929, P. 220) 这寥寥数语,可算已将美国在十九世纪中对外态度的演变,描写尽致。

[①] 朱驭欧于1936年获威斯康星大学法学博士学位,其提交的博士学位论文题目为 *The American Department of State and Foreign Service*,全文九章,本文即第三章的节译。

美国使领馆人员之考选制度

外交在国策上既居于次重要的地位，而当时国际贸易亦尚未发达，一般人民对于外交和领事官当然等闲视之，或甚至于存着一种藐视的心理，以为他们充其量不过是国际上的点缀品而已。因此，政府对于人选问题，因漫无标准，而所给的待遇更属菲薄，致洁身自好的老年人，几视出使为畏途；奋发有为的青年，亦多为之裹足不前。况自捷克生任总统以后，"分赃制度"（Spoils system）①日甚一日，漫说国内的吏治趋于混乱的状态，即驻外官吏亦完全受其支配。在此种情形之下，即偶尔得有贤者、能者出任艰巨，亦因黜陟无常，不能久安于位。结果，美国的使领馆几乎变成了纨绔子弟、富商巨绅和失意政客的集团，其中分子的复杂，概可想见。

1883（年），美国国会通过《彭得尔顿法》（Pendleton Act），②虽为国内的吏治开一新纪元，然驻外人员，仍得逍遥法外。其所以然者，揣其原因，约有二端：第一，当时美国人民犹斤斤于国内政治改造，尚未注意到驻外使领馆人事问题的严重；第二，纵使他们已注意到这个问题，但因分赃制度行之已久，积重难返，若（施行）改革运动③，内外兼顾，双管齐下，难免不

---

① 即政党分赃制度，意指选举中获胜的政党在组建政府和挑选政府公职人员时，不以能力和才学为准绳，而以是否忠实于该政党，以及是否为该政党服务作为标准来用政府官吏的制度。而其所任用的官员，也随政党的执政与下野共相进退。——编者注
② 该法案以其提议者、美国俄亥俄州民主党参议员乔治·亨特·彭德尔顿（George Hunt Pendleton，1825—1889）为名。主要内容是确立政府职员的文官常任原则，文官不与执政党共进退，对文官的录用实行公开考试竞争的办法，择优录取、定期考核，按能力和政绩大小予以升降奖惩。——编者注
③ 原文为"若改革运动"，疑衍失"施行"二字。——编者注

33

受到更大和更多的阻力，自不如采渐进的政策，先近而后远，较为妥当。观于《彭得尔顿法》对当时国内公务员所定的考铨范围如何狭隘，即可证明上说为不谬。

二、改革运动

迨十九世纪末年，美国的国基已臻巩固，工业亦渐具雏形，向外发展的志趣，遂不觉油然而生。同时，交通进步，美国人民往海外经商的固日多一日，即到别国游历或考察的亦年有增加。国际关系既改旧观，驻外使领馆的事务当然也由简而入繁，由轻而变重。但一般馆员，以前既多因引援推荐而来滥竽充数的，不特不能胜任，反处处暴露了他们的弱点。而当时的领事官，尤难①令人满意。全国贸易委员会（National Board of Trade）②首兴问罪之师，于1894年1月20日决议要求政府改革领事官的任用制度，于是各界相继响应，而形成一种强有力的舆论，正与1883年前所有澄清国内吏治的运动相若。当时国会，虽亦有改革的动议，但尚乏改革的诚意。幸克利乌兰总统（President Cleveland）颇具热心，故于1895年5月20日发布一道命令，规定此后凡领事官年俸在一千元以上至二千五百元以下者，须照下列三种方式委派：

（一）凡现在国务部服务而具有相当之经验与资格者可得调任或升任；

（二）凡以前曾在国务部供职而资格相符者可得简派；

---

① 原文为"虽"，但揣度文意，应是"难"字之误。——编者注
② 原文误为"Boarb"，已更正。——编者注

（三）凡经总统甄别合格并经考试及格者，可得委派。

这道命令虽属破天荒之举，然一考其内容则甚空洞。所谓考试，因投考人须先经总统认可，结果仅有其名而已，况到麦肯力总统（President McKinley）时代，并此项考试亦摒弃之，外交及领事官的任命，仍一本"分赃"惯例。真正的考试制度迟到老罗斯福（Theodore Roosevelt）①任内始具端倪，他因得国务卿鲁德（Elihu Root）的赞助，遂于1906年6月27日根据《彭得尔顿法》的原则发一行政命令，规定此后新任的领事官均须经过考试，由最低两级叙起，其余各级则依考绩擢升，并设立考选委员会以主其事。美国的领事人员经此番整饬后，即渐有蓬勃的气象，及1909年达夫（William Howard Taft）被选为总统，不特保持罗斯福的政绩，且以同样的方法树立外交官的考试制度，并另设"外交官考选委员会"负责办理，侥幸登进之门，至此似已杜绝。

然而，行政命令在美国的政制上，若无法律的根据，无论其成效若何，下届总统无遵守的义务，反之可任意推翻或更改。1913年威尔逊（Woodrow Wilson）②进入"白宫"就一反罗斯福及达夫二人之所为，大刀阔斧地把驻外人员更换了十之七八。这不是他存心破坏考试制度，乃是因为此前十余年美国政府已继续被共和党所盘踞，一旦民主党卷土重来，其中有"做官迷"的党员，当然极尽其钻营之能事，无不欲分羹一杯。奈以国内官吏的任免已受公务员法（即修正后的彭得尔顿法）的束缚，威尔逊见僧多粥少，苦于应付，只好尽量地往国外输送，同时也可借此培

---

① 原文误为"Thesdorl Roosevelt"，已更正。——编者注
② 原文误为"Wiilson"，已更正。——编者注

植一部分党的势力。不过"分赃制度"既久为美国人民所唾弃，威尔逊"开倒车"的举动，只有增加舆论的反感。故 1915 年国会卒将久延未决的驻外人员改革案（Act for the Improvement of the Foreign Service）予以通过。除将外交及领事官的等级及薪俸（重）新规定外，并确立考铨制度。惜此案缺陷尚多，且在欧战期间，亦未切实奉行，故成效甚尠。

及欧战告终，美国在国际上的政治和经济地位一跃千丈，对外贸易之激增，尤非战前可比。因此，如何整饬外交阵容并增进使领馆的行政效率，殆成为举国一致所研讨的问题。经多方考虑的结果，国会遂于 1924 年 5 月 24 日制定所谓《罗杰斯法》（Rogers Act），① 对驻外吏治及行政机构作一澈［彻］底的改造。论其重要，当可与 1883 年的《彭得尔顿法》相颉颃，虽后来实施上发生过种种的困难，至 1931 年曾经修正一次（The Moses Linthicum Act），然其主旨至今犹未稍变。兹因限于篇幅，不能一一论列，只就其自关考试者，加以申述而已。

三、现行考制度的分 ②

（一）外交及领事行政的合并

1924 年以前，美国的外交行政（Diplomatic Service）和领事

---

① 该法案于 1924 年通过，主要内容是：将美国的外交机构和领事机构予以合并，外交人员和领事人员可以互相调动，规定了使领馆人员的选拔标准和待遇的等级。——编者注

② 原文如此，揣度文意，似乎应是"现行考选制度及分配"。——编者注

行政（Consular Service）本属分别处理，各成一单位。固不特两种人员的选派方法不同，即委派后亦不能互相迁调，才位不相称的弊病固所难免。且两者之间划若鸿沟，无形中又养成一种互相嫉妒甚至于倾轧的心理。为正本清源计，《罗杰斯法》即以归并外交及领事行政为第一要义，总名之曰"驻外行政"（Foreign Service），凡公使以下，书记员（Clerks）以上的外交及领事官均称为"驻外行政官"（Foreign Service Officers），其官俸则分为八级及"不分级组"（Unclassified Service），有如下表：

级别	俸额（以年计算）
大使及公使（列为政务官）	由国会随时规定
一级	9,000—10,000 美圆［元］
二级	8,000—8,900
三级	7,000—7,900
四级	6,000—6,900
五级	5,000—5,900
六级	4,500—4,900
七级	4,000—4,400
八级	3,500—3,900
不分级组	2,500—3,400

国务部根据是项分级，曾于 1924 年 9 月 3 日将当时在任的外交及领事官从［重］新铨叙一次，凡合于标准者，按其成绩与资格予以留级或升级；不合于标准者，则尽行淘汰。此后凡属"驻外行政官"则非经竞争考试不得任用，但一经任用即予以确实的保障，无故不得免职。于此有一点我们应该注意的，即"驻外行政官"一名词，仅有行政上的作用，至于外交官及领事官

的对外名称与职务则仍援用国际惯例。换言之，美国于新委外交或领事官时，须同时发给两种委任状，一种指定受委人为某级"驻外行政官"，另一种则授以使馆参事、秘书、总领事或领事等等的衔头。

（二）考试机关

外交行政及领事行政既已合并，原有两个考选机关亦即取消，另设一考选委员会（Board of Examiners），以助理国务卿（Assistant Secretaries of State）三人、驻外行政人事司司长（Chief of the[①] Division of Foreign Service Personnel）及吏治委员会首席委员（Chief Examiner of the Civil Service Commission）组织之，该会承总统之命掌理厘订"驻外行政官"考试规程及关于举办考试之一切事宜。

（三）投考手续及资格

美国的"驻外行政官"考试以前本定为每年举行一次，但自1933年起，即改为不定期的，现举行与否，完全由考选委会视有无此项需要以为断。但一至决定举行考试时，即须登报通告。按考试规程，凡属美国公民，无论是生长于美国或是外国人入美国籍的，只要在美国境内居住已满十五年以上者，不分性别，更不拘信仰何种宗教或属于何种政治团体，均有投考的资格。至于教育程度，虽未有限制，但通常以受过大学或专门学校教育的为适宜。据最近的统计，美国现有的"驻外行政官"中约有70%

[①] 原文误为"tn"，已更正。——编者注

系从大学毕业生出身，23%曾在大学或专门学校肄业，未受过高等教育的不过7%而已，由此可见一般［斑］。

国务部备有一定的报名格式，凡欲投考者，函索即寄（来往函件，均以国务卿为主体），报名人于接到格式之后，即逐项亲笔填写，并觅得在社会上有声望而能负责的保证人五人——最好其中三人是报名人的教授或雇主——各出保荐书一件，连同报名格式寄与国务部收存备案。但此项报名证件有效日期仅为两年，若在此期内不举行考试即行作废，以后如原报名人仍欲投考，则必须另办报名手续，不过第二次报名只要有一人或二人的保荐书，将报名人在过去两年中所作何事予以证实即足。凡经考选委员会审查合格者，则于举行考试前四十日以国务卿的名义用函通知，投考人即按期至指定地点参与笔试，考试的前四十日亦即为报名截止时期。

（四）考试的性质与程序

考试分笔试、口试及体格检验三项。笔试虽近于专门，但范围却不如英国所有同样考试那样广泛，仅包括下列各科目：(1) 国际法、海上法（Maritime Law）① 及商法原理；(2) 数学（仅以商业统计、关税计算、国际汇兑及普通会计上所应用者为限）；(3) 经济学（侧重于美国所有天然的、工业的及商业的资源）；(4) 政治及商业地理；(5) 1776年以后的美国历史及政制；(6) 1776年以后的欧洲、拉丁美洲及远东史；(7) 外国文语②（法文、

---

① 原文误为"Maritine Law"，已更正，今译海事法。——编者注
② 原文如此，疑是"语文"之倒序。——编者注

西班牙文或德文，可任择一项，但口试时投考人须就其最擅长的外国语中，另选一项以应试）；(8) 政治经济；(9) 英文（除作文及文法外，各科目试卷中的标点应用、拼字及书法亦均计分）。笔试时间，平常约为三日，各科试题，由考选委员会拟定，但典考及监考事项则委托联邦吏治委员会分于下列各大城市同时举行之：华盛顿、阿得朗达（Atlanta）、波斯顿、支加哥、欣欣纳替（Cincinnati）、丹浮尔（Denver）、新奥梁（New Orleans）①、纽约、费城（Philadelphia）、圣路易（St.Louis）、圣保尔（St. Paul）、三藩市（San Francisco）及西雅图（Seattle）②。阅卷工作亦由吏治委员会担任，但此项工作，得请会外专家协助，计分以百分为标准，凡投考人各科平均须得七十分以上者，方可参与口试。

口试则由考选委员会直接办理，凡笔试及格人员，即由该会函知，定期赴华盛顿受试。其目的在对于每个人的品格（Character）、言语举止（Address）、判断力（Judgment）、常识（General Education）、修养（Culture）、对现代诸事所有的认识（Contemporary Information）、经验（Practical Experience）及干才（Apparent Business Capacity）等等，作一实际的观察，以便判断他于书本的学识而外，是否适宜做一个外交或领事官。计分亦采用百分法，笔试与口试二项总平均须得八十分以上者，方得为及格，是口试较笔试尤为重要。

凡笔试口试均已及格者，则由考选委员会指定政府医官（Government Surgeons）在华盛顿或其他地点检查体格。若有被

---

① 原文误为"Oreeans"，已更正。——编者注
② 原文误为"Seatle"，已更正。——编者注

发现身体上有残疾或不健康者，则须设法医治，以四个月为期，期满后重新检验一次，但于第二次检验时，若依然如故，则即在淘汰之列。

（五）考后分发与训练

考选委员会每次于各项考试完毕后将及格人员之姓名按分数之高下为前后之次序列成候补名单（Eligible List）送呈国务卿备案，遇"驻外行政官"有缺额时，即由此候补名单中依次擢用递补，但候补人在两年内若不得擢用或自请撤消［销］其姓名者，即以丧失权利论。以后如再欲投考，则仍须照第一次投考章程办理，毫无宽待之可言。至于被擢用人员分发何国或何处服务，则一凭个人之所长及事实之需要以为定，本人不得有异言或请求分发于其所喜好之某某地点。

为提高驻外人员之程度起见，国务部根据《罗杰斯法》第五条之规定于1924年6月创设一"驻外行政官训练学校"（Foreign Service Officers Training School），当初考试及格人员一经总统任命即须在此校受训数月作为试署，视其成绩若何然后派往国外使领馆为实授。如此试办两年，结果不甚佳，因考试及格人员，多甫由学校出身，再使其过几月的课堂生活，其所得有限，且一俟派往外国服务，仍感茫无头绪。当局有见及此，乃改变方针，将新任人员先分送附近使领馆实习数月，作为试署，使略得经验，然后调回受训。受训后，成绩优越者，即行实授，据称如此办理以来，收效较宏。

新任人员于实授后，仍由"不分级组"的最低等叙起，以后则按考绩升级，但新任人员中对外国语文具有特别天才及兴趣者，则加委为"语文官"（Language Officer），专事学习其驻在国之语文，除正俸外，所需学费等项，另由政府给予津贴。以前美国仅在驻日、华及土耳其三国的使领馆中设有"语文官"，自1928年起已于近东、东欧及北非诸国亦增设此项官职。

（六）使领馆书记官的任用

《罗杰斯法》虽将美国的外交及领事官合为一体，然对于使领馆的书记官未曾顾及，至1931年国会通过修正案后，始将使领馆的书记官合并管理。合并后分为高级（Senior Class）及初级（Junior Class）两级，每级又分为若干等，薪俸及任用方式遂赖以划一。通常书记官由各主管长官推荐，经国务卿审查合格即可任用，无须经过考试，但须经过体格检验，并以年在二十一岁以上至三十五岁以下，且未嫁（女）娶（男）者为合格。凡属第一次任用的书记官，薪俸均由初级的最低等叙起。领馆在特别情形之下可雇用外国人充任书记官，但此在使馆中则绝对禁止，书记官虽可代理主管长官执行职务并得升为"非专任副领事"（Non-career vice Consul），然非经过前述之考试，不能升为"驻外行政官"。如有自愿参加是项考试者，笔试一项可遵照考选委员会之规定在使、领（馆）中举行，但口试则必须在华盛顿举行，日期定为每年二、四、六、八、十及十二月的第二个星期二。如此，书记官笔试已得及格者，可随时回国以应口试。

四、结论

美国驻外使领馆人员前在"分赃制度"之下，本属腐败，但自考试制度成立以来，已渐成职业化、专门化，近年来更多方整饬，不遗余力。故现在美国的外交行政即与久负盛名的英国外交行政相较，亦毫不逊色。虽然，单就考试而论，美国现有的制度，犹不无可议之处。

第一，《罗杰斯法》虽已将外交及领事官归并于一系统之下，但仍未将他们与国务部部员打成一片。后者在法律上系属于国内吏治之一部，考试完全由吏治委员会主持，其分级与俸给亦与驻外人员截然不同。虽在部中继续服务满五年以上，成绩优良，经驻外行政人事管理司（Division of Foreign Personnel）审查合格者，可得外调；反之，驻外人员亦可随时调部供职。然在事实上，部员得有外调的机会者固甚少；而驻外人员调部服务因受法律上之限制，最多亦不能超过四年。两者既同站在外交阵线上，却有如此的畛域之分，流弊在所难免。故近来美国的有识之士多主张合内外为一体（Amalgamation of the Home Service and Foreign Service），以减少行政上之困难。果此而成为事实，则驻外人员与国务部部员之考试标准，当可划一。

第二，美国现有的驻外人员考试，不完全是一种任用考试，因为考试及格的人，按照规定，在两年内若不得任用，即作为丧失权利论。然而在这短期内，又未必有缺额可补。这样缺乏保障，一般青年唯恐徒劳无功，纵有志投考者，亦多为之退缩不前。而一般已复取录的人员，往往因耐心等候两年终属落空，更难免不为之心灰气短，所以此点实有改良的必要。

第三，美国驻外人员的俸给虽较前已经提高，尚不丰厚，而他们在外国因处于大国代表的地位，一切交际应酬与乎日常生活，又不得不要"装门面"，以维持个人与国家的尊严，结果每每要自掏腰包。惟其如此，美国驻外人员考试，虽属公开竞争的性质，一般贫寒子弟，鲜敢问津。再者，美国工商业发达，私人营业机关所给雇员的报酬，往往较政府的官俸为高，至于工作机会，只要有一（技）①之长，并不难得。故一般青年非出于不得已，多不愿做官，而尤其不愿去做那"倒贴"的外交或领事官。有此种种原因，美国每次举行驻外人员考试，竞争的人并不如我们想象那样的多，且投考者，亦未必尽属全国的优秀分子。俗语说得好："水不能高出水平线"，被选的材料既很平凡，选出来的当然也不过尔尔。此虽非考试制度本身的缺陷，要亦有背甄拔真才的原则，故值得我们的注意。

  以上所提出的几点，虽是美国驻外人员考试制度美中不足的地方，但就大体而论，实已渐臻于选贤任能的境界，况考试及格人员又须经过严格的训练，俾成专才，足见美国政府如何重视驻外人员。反观我国，当此国难时期，实力既不能与人相抗，整饬外交阵容，实属刻不容缓之事。近来政府虽已有改革的动议，迟迟至今尚未见澈［彻］底实行。现在我国的驻外代表之中，固不乏高明，但就一般情形而论，殊难令人满意，如此而欲外交胜利国际地位增高，难矣哉！故特草是篇，以为留心此问题者之参考，尚希国内学者，不吝予以教正！

《行政研究》1937年第2卷第2期

---

① 原文为"艺"，似为"技"之误。——编者注

战期中对外交应有的认识

编者注：朱驭欧先生，美国威斯康辛[①]大学政治学博士，曾在中央研究院社会科学研究所供职，兼任行政院"行政效率委员会"专门委员，现任云南大学政经系教授。

过去我国信赖国联，但国联终不能帮助我国阻止日本的侵略。最近我国又拥护比京会议，而结果该会只发表两篇空洞的宣言便算了事。同时，前有义国加入《日德反共协定》的举动，后又有义国承认伪满的发生，法西斯集团的阵线大有日趋强化之势，爱好和平的民主国家仍然各谋自保，观望不前。种种事实的证明，似乎我们平常所相信"得道者多助，失道者寡助"的说法，而今竟得到一个极端相反的现象！我国人民于失望悲观之余，或不免发生"弱国无外交"的感想，而认为今后我们只有拿血肉与敌人相拼，在国际舞台上，可以不必再白费力气。其实这种观念是完全错误的！……试观欧战以后，各列强增加军备的竞争日趋尖锐化，但同时他们在外交上的活动较战前更为积极，而对于外交行政机构的调整及人事的改进，亦不遗余力。即以我们的敌国

[①] "威斯康辛"今译为"威斯康星"。本书内文仍保留原貌，后文不再作注。——编者注

而论，他侵略我国的工具，不仅是飞机大炮，他在国际上所有挑拨离间、纵横捭阖的伎俩亦无所不用其极。虽然有时不免弄巧成拙，但外交所给与他军事的助力，绝难否认。我们既然处在一个弱国的地位，在物质与经济方面，存在须仰给外援，我们怎能专从事于军事的抵抗而抛弃外交呢？

更有进者，目前我国的外交，显然已受了严重的打击，但若细细体察，我们仍然处在有利的地位。第一，因我国是被侵略者，在道义上早取得国际的同情。当九一八事变之初，欧美各国的人民对于远东的情形尚不很明瞭，并且受了日本反宣传的蒙蔽，谁是谁非尚不能作肯定的判断。况且以我国过去的内乱频乘，天灾人祸的交加无已，在在给西方各国人民一种极坏的印象。在他们的心目中，中国人是一种退化的、怯懦的、劣等的而不适于现代生存的民族。反之，他们认为日本人是一种进步的、勇敢的、优秀的、而为现代应该生存发展的民族。所以他们大多数虽不喜欢日本之所为，然对于我国的同情亦不普遍，而且这种同情还含有可怜的意思。现在都大不相同了，自我们挺而全面抗战以后，上下团结一致、不屈不挠的精神，已使西方人民惊讶。而我前方忠勇将士浴血苦战及壮烈牺牲的表现，更博得他们的称赞。同时，日本的阴谋残酷，以及他在军事上所有的弱点，至此已暴露无遗。是非曲直，既然判明，优劣比较，又得了一个新的估计。故国际这次对于我方的同情较前更加普遍，且同情之中又添加了钦佩的要素。第二，这次日本的进攻，不仅是中国单独的生死存亡问题，乃是直接影响各国在华的利益及将来在远东的地位。质言之，全世界的和平都受了震荡，为此之故，英、美、法、苏诸国虽目前各因其内在的矛盾，彼此均不愿先吃眼前亏，

战期中对外交应有的认识

遂形成一种胶着而不凝结的状态，然而这种状态决不能持久的，一旦到了他们感觉切肤之痛的时候，他们①不愿转入漩涡，事实上也不可能。纵使他们始终不愿以武力对付日本，只要我们的外交运用得宜，他们也不至助桀为虐，而同时不断的［地］以经济及军火供给我方，我们对于最终的胜利仍然是有把握的。

我们既然有广大国家的同情，而国际现势又不无打破的可能，所以我们用不着过于悲观，当前的问题是：如何整顿外交阵容，以应战时的需要。

所谓整顿外交阵容，当从下列两方面着手：

一、关于政策方面——日本的"大陆政策"在明治时代即已确定，此后这个政策的推行，虽时张时弛，然数十年如一日，始终一贯的。反之，我国自与西欧接触时起直到国民革命军北伐时止，在外交上只处于被动的地位，向无政策之可言。迟到孙中山先提出"取消不平等条约"及"联合弱小民族及世界上以平等待我之国家……"等等的主张以后，我国方渐有外交的途径可寻。无奈国民政府甫告成立，内部复呈纷扰状态，而日本谋我之心亦愈切，竟趁我喘息未定之际，即以迅雷不及掩耳的手段，夺取满洲。事变发生之后，我国国内意见更趋分歧，主和主战，各执一端。同时，又有所谓的联俄、联美、联英……种种主张，见仁见智，莫衷一是。在政府方面，则处于一种既不能和又不能战的困难境遇，而有啼笑皆非的苦衷。于是产生一个矛盾的政策，即所谓"一面交涉，一面抵抗"是。国内的意志既不一致，而政府的态度又（极）其暧昧，无怪乎

---

① 原文如此，"不们"疑为"他们"之误。——编者注

我国驻外使节皎皎［佼佼］者有无所适从的痛苦，庸碌者也乐得投闲置散，结果弄得一筹莫展。今日我国外交之所以荆棘丛丛，在过去未能立定脚点实为重大原因之一。幸而现在全国已团结一致，决心抗战到底，而不复有中途言和的可能，那么我们的外交方针已臻简单而明朗化。所谓简单而明朗化者，即如何寻求与国以增抗战的力量，同时防止敌人的活动而减少他的援助，二者实有连带关系，可以同时并进的。

二、[1]关于外交行政方面——我们现在既然已有了一定的外交目标，第二点即须致力于外交行政的改善，以求增进外交运用的技术，兹就管见所及，特别提出下列几点来讨论：

（一）活动的范围。在过去，我国外交活动的对象，只限于几个主要的国家，对于次要的弱小的国家，绝少联络，或甚至于完全置之不理。而在几个主要的国家里，亦往往只以他们所有的现政府为对象，至于这些政府背后的潜势与民众，则未尝注意及之。殊不知现代的国际关系十分复杂，主要的国家固然举足轻重，但是有时一个很小的国家的行动，也足以影响整个的国际局面。例如国联以前曾决议会员国不得承认武力的侵占，南美有一个平常我们所不知道的小国，名叫 Elsolvador，[2]他本是国联的会员，竟被日本运动，最先出面承认伪满，因此破坏集体安全阵线而开国际的恶例。又如暹罗在亚洲的地位，在平日本系不足轻

---

[1] 原文序号为"（二）"，与下级标题重合，应为"二、"。——编者注
[2] 查无此地，应是西班牙文"El Salvador"的误写，即中美洲的萨尔瓦多。1934年5月24日，萨尔瓦多承认满洲国，是日本之外第一个承认伪"满洲国"的国家。该国后又承认台湾政权，迟至2018年8月才与新中国建立外交关系。——编者注

重，以其民族与文化而论，亦与我国比与日本更要密切。然而因为我国对于该国的联络并不如日本那样努力，到现时该国竟有倾向日本的趋势，并有被后者利用，威胁法属安南及云南边境的传闻。当然，我们希望这种传闻不是事实，不过暹罗之不可藐视，于此可知。此外，如前次国联理事会讨论远东问题时，波兰忽然出面袒护日本。及比京会议将第一次宣言付表决时，挪威、瑞典、丹麦又声明放弃投票权。他们这种举动虽不是出于恶意的，但也足以影响会议的精神。至于他们是否受了日本的指使，则更不可知之欤。诸如此类的事情，不胜枚举。

其次，在现代的国家里，外交政策，往往为其政府背后的几个潜势力所左右，同时也要受社会舆论的牵制，美国即是一个明显的例子。据罗斯福前在支加哥的演说及国务卿赫尔先后发表的谈话看来，美国政府看来并没有对于远东采取较为积极的行动。然而因国会尚有许多议员坚持孤立政策，这些议员又各有其后台老板（工商巨子），同时美国的人民，因受了欧战[①]深刻的影响，至今犹谈虎色变，大多数均不愿政府轻举妄动，唯恐美国再度卷入战争漩涡。罗斯福为了这些顾虑与牵制，也不敢放手做去，所以美国政府近来的远东政策，时明时暗，令人难于捉摸。因此使得我们如果要想得到美国的帮助，若单向美国总统及其国务部接洽，当然是不够的，势须进一步对于能左右美国政府的各种潜势力、舆论机关及民众，尽量联络，竭力疏通才行。其他如英、法、苏诸国亦莫不如是，而关于英国则有一点要特别注意的，即英国的外交轴心虽在伦敦，但伦敦政府的举措——而尤其是关于

---

① 意指第一次世界大战。——编者注

远东问题——必定要得到各自主殖民地的拥护及合作。所以我们对于加拿大、澳大利亚、南非联邦，以至于印度等等的意志，亦须兼顾无疑。

总之，我们的外交活动范围不应拘于一隅，愈推广愈普遍愈好，主要的国家固然不能放松，次要及弱小的国家亦须拉拢，同情的势力固然要尽量的利用，反对势力，也应设法消除。

（二）外交机构的调整。我们的外交部现有的机构，大部分还是承袭北京政府时代的产物，在平时已有组织松懈、责任不明、工作重复或疏漏的种种毛病，到抗战时当然更不能切合需要，故非改弦更张不可。有名无实的机构如条约委员会等，应该裁撤；战时工作特别紧张的机关，如情报司等，应酌量加以扩充。此外还可添设一个设计机关，以补助部长拟定工作方针，并负责联络各国外交单位。

以上所举，不过是笔者一时所想到的，至于其他应该改善的地方，当不止此，不仅外交部的本身机构急需调整，就是驻外使馆的许多特殊现象，亦应设法消弭的。近年以来，我国已有增派驻外武官之举，按其他国家的成例，武官办公处多附设于使馆中，但是我国目前的办法并不如此，武官与大使是分家对立的（至少在以前美国的华盛顿是这样）。大使虽有指挥监督武官的权限，然武官因属参谋本部所派遣，每不愿听大使或公使的指挥监督。这一层，国内政府或尚未注意到，故特别提出。

（三）增加各单位的连[联]系。外交的运用，也如军事的运用一样，外交部相当于大本营，各使馆相当于前线的各军队。如果大本营与前线的军队消息不灵活，固难于指挥，同时各军队因不能按时奉上级的命令，或到时又甚简单含糊，亦无法作战。再者，如各军队之间彼此缺乏联络，行动亦不能互相呼应。我国以前各外交单位间即犯此毛病，现在应力求改良的，即外交部应将国内各方面的动向及政府的方针迅速而详尽的［地］通知各驻外使节，各使领馆应按时将国外情形及工作进行的状况作成有系统的报告，送达外交部。同时，各使领馆亦应定时交换情报，此外若由外（交）部派一专员专负联络之责，亦属可行。

（四）人事的改进。欧美各国早已使外交专门化职业化，通常除大使公使尚随政治潮流而进退外，其使领馆的人员——由参赞以至于书记——均由严格的考试而来，他们被委任以后即可终任职，即调任亦有规律，所以他们的外交智识能力及经验都能与日俱进。至于我国，平日对于大使、公使的人选，固漫无标准，而每遇一个大使或公使的更换，全馆的人员亦势必随之更换。质言之，一个使馆无异于大使或公使的私营机关，任何人只要他与大使、公使有私人关系，无论其品格、才能及经验如何，均可去做参赞、秘书或随员。但是具有外交专门学识的人士，要想到外交界谋一官半职，反有上青天之难，以如此产生的外交人员，办理例行公事尚感力量不够，遑论有惊人的成绩。我们并不否认我国现在驻外代表中有几位很出色人物，但是一切全靠这少数人来樽俎折冲，其力量亦至属有限。万一这几个人一旦发生不测，谁又将承袭衣钵？自然，目前要想培植一批新的外交人才去当战时的重任，时间与事实都不许可。而且当此工作紧张的时候，若作大规模的淘汰，亦非上策。故现在只求治标，治本则可待之后日。至于治标的办法，则唯有由政府罗致国内所有的外交人材分发到各国去，以补充现有人员能力的不足。此时既有许多大学教授及智识分子失业,又有千万的青年学子失学,其中当有不少的优秀分子,正可以利用他们为国家尽一点义务。简言之为增加抗战力量起见,军事总动员之外,还须外交总动员。

综上所述,可知在战时军事与外交,应该相提并论,不可偏废,一时外交的得失,实不应减我们对于外交的努力,而调整外交阵容更为迫切之图。

发表于《云南日报》1937年12月12日第1版

战时的行政机构问题

过去半年的抗战，不仅暴露了我国在军事上的许多弱点，同时也证明了我国的行政机构太不健全，因为行政机构不健全，政府的一切抗战活动不是操之过急、步骤凌乱，便是迂回徘徊、毫无效率，后方行政缺乏效率，在使前方的军事蒙受不良的影响。反之，前方军事的失利，更使后方的行政陷于困难的地步。两者互为因果，以致造成目前的严重局势，如果照这样的情形迁延之下去，抗战前途，殊甚危险！所以，我们应该利用已得的教训，急起力追。对于军事上的种种弱点，固须力求改进，而对于不健全的行政机构，更须彻底地加以调整。有了健全的行政机构，办事的效率自然可以提高，纵有若干困难问题当前，亦不难迎刃而解。

所谓行政机构，当然包括中央与地方在内，不过本文所欲讨论的，只限于中央方面，至于地方行政机构应如何改善，则留待后日[①]另作专题研究，兹依管见所及，举出下列几点，以为调整中央行政机构的参考。

（一）行政机构贵在运应［用］灵活，要能运用灵活，必先求组织简单化、合理化。换言之，凡属性质相同的事务应归一个

[①] "后日"当为"日后"之误。——编者注

单位管理，而一种事务，更不能分割，让几个单位去管理。如此，则权责可以集中，单位不至过多，监督既易，执行亦便。然而，过去我国中央的机构往往因人而设事，不顾及事之有无成效，以致组织庞大，叠床架屋。各机关之间，因权责不清，工作重复，不特不能取得协调，甚至互相牵制，大事则推，小事则争，结果事事不能顺利推行，工作效率降低，人力、财力、物力因分散之故，亦多浪费。抗战发动之初，当局以原有的机构不能应付非常，乃将其搁置一边，另行设置最高统帅部，径行一切。然如此一来，无形中政府变成了一种双重组织，牵制增多，行动愈缓，故经过数月的试验，仍觉有改弦更张的必要，本年（1938年）元旦国府明令改组，或即缘于此。经过这次调整以后，中央行政机构，当然已较前进步多多，自无待言。然而细加观察，似乎距简单化、合理化的理想尚远。一则因为还有许多骈枝机关，如建设委员会及全国经济委员会等等依旧存在，并未完全裁撤；二则因最高统帅部与行政院仍未能打成一片。要知在战时，军事与行政息息相关，而不能勉强分开的。为求权利[力][1]集中，指挥灵便起见，最好将行政单位减少至最低的数目，一律归并于统帅部之下。唯能如此，方可算行政机构战时化，这当（然）要牵涉到法律上及人事上的问题，但是要适合于战时需要，亦不必多所顾虑。

（二）我国的行政机构，一向只有直的组织，而没有横的联系。这就是说，执行的任务与设计的任务未曾划分，一般公务人员一方面要执行，一方面又要设计，而设计的工作却往往比执行

---

[1] 原文为"权利"，根据文意，当为"权力"。——编者注

的工作为难。趋易避难,人之常情,结果所谓"设计",不过拿些原有的法规,略加修改,便算了事。所以,我国所谓"行政计划",即是一些简单而空洞的法规,至于事实的搜集与分析、工作进行的步骤与方法、经费的筹划、人员的分配、成绩的预测等等,则并不注重。以此种的行政计划,难[①]望有良好的产生。不特如此,因为每一个机关各自为谋,不相关连[联],政府的整个行政即无系统,而产生政出多门的现象。至于工作的重复、权力[②]的摩擦,种种流弊,犹在其次。补救的办法,唯有于行政机构中设置一计划部,各行政机关的事项均应由该部代为详细研究,拟成计划,再交与各机关遵照办理,或由各机关先行拟成初步计划交与该部作最后之审查,认为可行者,然后付诸施行。如是各项行政均经详细周密的考虑、通盘的筹划,则畸轻畸重、畸形发展的弊病,自可免除。简单地说,计划部在行政机构中的地位,也同参谋本部在军事上一样的重要,而尤其在战时行政头绪万端的情况之下,欲提高行政效率,这种机关的设置,更不容缓!

(三)上述的计划部虽为各项行政的总汇,然而各执行机关的日常工作,仍须有随时调和联系的必要。此外,各机关一切辅助功能,如人事管理、财政行政、物料购买、工作分配等等,亦须有一个共同机关为之指导。英国现有的财政部,美国以前的效率局(最近该局已并入吏治委员会)均负有此项使命。我国行政院本亦有"行政效率促进委员会"之设,不过以前该委员会只是

---

① 原文为"要",疑为"难"字之误。——编者注
② 原文为"权利",根据文意,当为"权力"。——编者注

一有名无实的机关，且其职权亦属有限，若能予以充实，提高其地位，使（其）成为一种有力的佐治机关，专负各行政单位间联系的责任，亦未使［始］不可。

以上三点，不过是笔者认为调整中央行政机构所必须注意的。此外，实际上现有的机构应该改善的地方，当然还不止此。要之，战时政府的一切活动要有计划，要敏捷迅速，欲达此目的，必先使整个的行政机构成为一个有机体，简单化、完整化是其不可少条件。

发表于《云南日报》1938年1月30日第2版

战时政治与行政

政治与行政当然有不可分离的关系，未有政治紊乱腐败的国家，而行政能令人满意的。反之，政治已上轨道的国家，行政亦必随之进展，盖可断言。虽然，政治与行政亦各有其独立的含意与领域，决不可混乱为一谈，近代欧美学者已将两者的界限，明白划分。例如，美国前总统威尔逊[1]曾经这样说过："行政应在政治的正常范围之外，行政的问题并非政治的问题；一切行政工作固由政治而定，但行政机关却不应受政治的影响"。古德诺[2]教授则谓："在一切的政治制度中，政府的基本功能只有两种，即国家意志的表现及国家意志的执行，前者谓之政治，后者谓之行政"。此外，德儒阑卜西里（Bluutsehli）也认为："政治是国家对广大事体的活动，行政是国家对单细事体的活动，政治为政治家（Statesman）的场合，行政则属于技术官吏的辖境"。

政治与行政的分野，既如上述，我们即可知道，在平时行政

---

[1] 托马斯·伍德罗·威尔逊（Thomas Woodrow Wilson，1856—1924），美国第 28 任总统，同时也是著名政治学家，曾任普林斯顿大学校长，是近代行政学学科的重要创始人。——编者注

[2] 弗兰克·约翰逊·古德诺（Frank Johnson Goodnow，1859—1939），美国著名政治学家、行政学家，曾任约翰·霍普金斯大学校长，塔夫脱总统设立的"节约与效率委员会"委员。1913—1916 年，曾担任袁世凯的法律顾问。——编者注

固当科学化、技术化，不应受政治的影响；到了战时，政治上的争执更应减少至最低的限度，以便政府得以全力推进行政。原因是：在平时，政府的一切措施，多为对内的，各人对于政府应采的政策见仁见智，容有不同的主张。唯具有不同的主张，在朝者势要坚持其主张，势必设法压制在野者；在野者要实现其主张，也势必设法推翻在朝者。于是而发生政治的倾轧和政权的争取，解决的办法，在民治发达的宪政国家里，即依法采用投票方式；在未达到民治及宪政程度的国家，或变态的国家里，则唯有诉诸武力。近年独裁制度的兴起，国家的政权由一党把持，政策由一人或少数人决定，不容有其他的意见，更不容有反对势力的存在。这种政治，用不着说是完全建筑在武力之上的，也可以说是变态的政治，是违反民治精神的政治。然而单就行政而论，独裁的国家所表现的行政效率，往往较民治国家为高。这是因为在民主的国家里，敌见分歧、权力分散，政府对于各项政策，固不易于决定，即决定以后，于付诸实行时，亦因多方的牵制与顾虑，不能勇往迈进，放手做去。反之，在独裁的国家里，一切既操之于一党，而党又听命于一个领袖，权力绝对的集中，故领袖言出法随，说了就做，或做了再说，自然不(致)犯迟疑拖延的毛病。不过近数十年来，而尤其自欧战①以后，即各民治的国家，亦倾向集权的趋势。同时，于行政机构的调整、"分赃制度"的打破、吏治的提倡、科学管理的讲求，更无不锐意改革，故在行政上已有长足的进展。平时如此，遇战事发生，则各党派、各阶级、各团体均能立刻捐除成见，停止一切政治上的争端，和衷共济，以

---

① 指第一次世界大战，下同。——编者注

从事战时行政之推进。故战时民治国家的政府,虽无独裁之名,亦有独裁之实,证诸欧战期中各列强国内的精神,鲜有例外,盖不如此,即不足以言战。

我国在过去二十余年中,只有军阀的割据、政客的捣乱。所谓政治,乃以个人的利益为中心,在野者只想做官,做官者只知发财,根本谈不到主义的争执,更谈不到事业的打算。所以政府的行政,除了扰民、苛民以外,则一筹莫展,而我们的敌人乘隙而入,利用我们自私自利的心理,百般挑拨离间,以坐收渔人之利。此次芦沟桥事变之初,敌人以为仍能施其故技,来分化我国。不料,至中央发动抗战以后,共产党及其他各党派均各弃前猜,自动宣告拥护政府,服从最高领袖,一致抗敌,形成我国有史以来罕见的大统一、大团结。此不特是敌人梦想不到的事,即在我国国民的心目中,亦是一桩喜出望外的天赐!而我们的武器虽远不如敌,然竞〔竟〕①能与敌相持已达七八月之久,所以然者,即赖我们内部的团结,这是谁都不能否认的。不过近来有许多谣言,不说某路军与某某尚未十分融洽,便说某地方与中央尚有政治上的摩擦,这些谣言或许是敌人故意散播来离间我们内部的,我们也决不置信,假若万一确有此类事情,我们即应尽力消除,使之不能存在,或使之不至扩大。要知此次的抗战是关系整个国家、民族的存亡,幸而战胜则存,不幸而战败则亡。国存则来日方长,我们要建设怎样的一个国家,尽可有从容考虑的余地;国亡则各党、各派、各阶级以及各个人均将同归于尽,遑论其他!所以,目前唯一的国策是抗战到底,唯一的目的是卫国,

---

① 原文"竞"后多一"争"字。——编者注

此外不容有第二种的政治主张，更不容有其他的怀抱或作用存乎其间。置言之，此时我们只有一致向前进，与敌人拼命，绝对谈不到"左"倾或右倾的问题，应以全部的精力用去对付敌人，不要以一点一滴拿来消耗、对付自己。

更有进者，政治的统一当然是抗战不可缺少的条件，也是普通国家应有的现象，但是单有政治的统一，而无行政的改革，仍不足以应付战时的需要，而犹［尤］不足以支持长期的抗战！大家都知道，现代的战争已不是单纯的军事战争，而是全国智力、人力、财力及物力总动员的战争。然而要使全国的智力、人力、财力及物力都能动员起来，不是空喊口号，便有成效，必须从实际上着手，始有办法。试看抗战以来已近八月，政府对于各种事业至今推进究到何种程度？除战区及接近战区的人民感觉痛苦与恐慌以外，其他后方民众的生活方式，有何改变？若照这样泄泄沓沓下去，抗战前途，实不可乐观。尤其欧洲局势日趋紧张，万一世界大战爆发，一切外来的接济，不免有断绝之虞，我们若不急起力追，以求自给自足，恐将陷入绝境。故改革行政，为刻不容缓之图，兹略举数点，以作当局的参考：

（一）调整行政机构。关于此点，笔者前所[①]已有所讨论，兹不多赘。现在所欲指出的是：中央机构经过几次改组以后，已颇臻于简单合理化，惟各地方政府至今仍一如旧贯，我们省政府组织过于庞大复杂，县政府又欠充实整凑，不合于战时的需要，尽人皆知。故有从速改弦更张的必要，以便使首尾能够呼应，不致中央的政令一达到地方，即化为乌有。

[①] "所"似为"次"字之误。——编者注

（二）充分利用人才。我国各方面的人才，本均甚缺乏，故即使每人尽其专长，以担负抗战的工作，犹嫌不够分配。但政府近来反漫无标准的裁员，同时任用新的公务人员仍一本传统的恶习，只论亲戚故旧或党派的关系，而不问才职是否相称。因此，政府有许多应做的事，无人去做，而同时有若干专门人才，反至感觉走投无路，报国无门。此种现象，亟应纠正。

（三）破除官场的一切恶习。我国的行政，一向只是公文的行政，每每很简单而易于办理的事件，却总要来一大套"等因，奉此"，多所延搁，在抗战期中，一切动作既须敏捷，这种方法应立刻改善。再者，我们官场应酬特多，一般公务员的时间与精力，大半即消磨于筵席、宴会之上。此种情形，在平日已属不可，战时更不应当，希望政府从速通令禁止，并由上级长官以身作则。

总之，在抗战期中，政治的问题，应暂时搁置，不必多谈。行政的问题，都值得大家的注意，并努力以求解决，政府容纳各党派的分子，不只是给他们一个名义的官职便算敷衍，应就其所长，予以实际工作。而各党派的分子亦不（应）以为有了官做，即觉踌躇满志，应进一步督促政府积极改革并推动各方面的行政。

发表于《云南日报》1938年3月12日第1版

抗战建国与吏治

现在世界上的大小各国,无论所采行的政体有何不同,只要它已够得上现代化的程度,莫不已树立一个基于"功绩"的吏治制度,并积极地以谋使合乎现代行政的需要。因此,在平日它们的每一个公务员都能称职,工作效率甚高;遇到战时或非常事变,政府只要将原有的人员稍加调整安排,便可应付裕如,很少有感觉冗员过多或人才缺乏的恐慌。

我国自唐朝开科取士,即已树考试制度的先声,惟以前的科举,只重文藻,而忽于实学,使人民的思想囿于经典之间,而昧于真理的探讨与干才的锻炼。行之既久,流弊滋多,结果竟变成了朝廷以功名笼络人心的愚民政策,殊有背选贤任能的本意。晚清因时势的推移,遂将科举废除,然至是我国吏治已腐败不堪。及民国肇兴,在形式上政体虽已变更,但实际上一切制度仍多如旧贯,其后继以军阀割据专横,法纪为之荡然无存。政府官职几(乎)成为私有产业,在权者得自由支配,凡属亲戚朋友或狐群狗党,不论他们是目不识丁的张三李四,都可以高爵厚禄,至于有才有能之士,除了巴结逢迎或公行贿赂而外,则虽欲得一官半职,亦不可能。因此仕途阻塞,贪污遍天下,官吏成为一种特殊的榨取阶级,人民无不有"苛政猛于虎"的慨叹!孙中山先生有见及此,认为改良吏治实为建国之要图,故创五权宪法,而以考试及监察两权与普通西方各国所有的立法、行政及司法三权相提并重。国民政府成立以后，亦即本孙先生之遗教，相继设立考试院及监察院，同时也颁布了许多关于公务人员任用、考试、铨叙、官等[①]、官俸、考绩及惩戒等等的法规与命令。在表面上看来，现代吏治制度在我国似乎亦已规模粗具，然一细加考察，则知所有法规多未得到彻底而有效的实行。至于这些法规的本身是否完备而切合实际，更属疑问。

第一，现代的吏治制度最要紧的在有一种科学的、严密的职位分类，以为考试及厘定薪俸的标准。我国至今尚未将政务官与事务官的界限划分，所规定的官等虽有选任、特任、简任、荐任与委任的区别，然此种区别亦只是一种官等的区别而已，殊不足以表明各职位所包含职责的轻重，及担任此种职责的人员所必须具备的资格。因此，考试是考试，与政府所需要的人才并不发生若何关系。薪俸的厘定只凭官等而有高低，对于"同工同酬"的原则，根本即未顾及。

第二，在现代的吏治制度之下，除少数的政务官随政治的推移而进退外，一切事务官均应由竞争考试拔取。考试及格的人一经任用，则须受法律的保障，如无过失，得终身任职，及退休为止，不受政治的影响。我国现在虽已采行考试制度，并设立了一个考试院，其成绩若何，此乃有目共睹的事实。自该院成立迄今，考取的人员因不及政府所任用的人员百分之一二，且于分发考试及格人员时，往往被各机关赏以闭门羹，客气一点的也不过是敷衍敷衍而已。更有进者，根据我国现有任用法的规定，考试

[①] 原文为"官司等"，疑误。——编者注

及格不过是取得公务员资格的一种，纵然考试制度能够达到尽善尽美的境地而每一个考试及格的人员都能得到相当的位置，但大部分的公务员仍然可不经考试而来。我们并不否认年来政府各机关用人，已渐有延揽专家、网罗人才的趋势，然而同时我们也不能不承认私人的推荐引援、奔竞钻营，尚为我国官场中的普遍现象。虽有铨叙制度以补考试制度的不足，但实际上所谓"铨叙"也者，亦不过是一种形式。姑不论各机关对于其所任用人员的资格履历往往迁延不报，而其所举报者，亦未见得十分确实可靠。至于铨叙部是否认真审查，又是一回问题。据说各机关人员的资格履历及证件送到铨叙部后，直至核发回来，被铨叙的人已经数易。如此这般，又何所用铨叙为？！

  第三，关于薪俸制度，本应注意两事：一为公平，二为使各公务员之所得足以养廉。我国现行的薪俸制度，既未本着"同工同酬"的原则而厘定，而仅以官等的高低为标准。如上所述，已失之武断，同时，同一等级的公务员每因所在的机关不同，薪俸的数额亦有多寡之分。如国民政府的薪俸较行政院各部会的薪俸为高，即是一例。不特如此，有若干机关除了正常薪俸而外，还有额外津贴或分红的办法，其他机关则无之。故同在政府之下服务，在待遇方面竟有厚此薄彼的现象。此种不公平的待遇，即足以造成公务员互相歧视而不愿合作的心理，影响于行政效率者甚大。其次，我国公务员的薪俸，一般均过于低薄，同时又因大家庭制度的存在及官场争尚应酬的恶习，各［个］人的担负极重。若单靠正常的所得，决不足以维持，因此产生两种流弊：一即是兼职兼薪，中央政府虽再三明令禁止兼薪，只许兼职，然而事实上变相的兼薪的例子仍比比皆是。至于在各地方政府中，兼职兼薪更是一种普遍现象。兼职兼薪的办法，无疑要减低行政效率。第二种流弊即为贪污。我国贪污之主因，置言之，政府所定低俸制度的目的本在减少行政上之支出，以事撙节，然事实上不正当之支出反因之而增加，殊非经济之举。

第四，赏罚必信①，方足以劝有功而警有过。然欲达此目的必有一严密公允的考绩制度。国府颁布的（考）绩法，其内容尚多可之处，而各机关类多未能切实奉行。各主管长官平日对于部属既少考查与督导，于填写考绩表时只着重个人的主观与好恶予以记分。至于上级机关对于成绩表的复审，更是敷衍了事。不特考绩未昭公允，而且各机关对于人员的升降奖惩，亦往往凭私人的关系，并不以人员成绩的优劣为根据。因此，努力从公者灰心，腐败误事者毫无忌惮，行政效率又焉得而不低落？！

第五，在西方各国，只是政务官可受立法机关的弹劾，至于事务官的，平日行为，则由主管长官按考绩法规予以监督处分，如有重大的贪赃枉法事件发生，则移交司法机关审判。我国设置独立的监察院，实为世界上特创的制度，以其权限而论，上自国府主席，下至书记，都可被它纠举弹劾。照理，我国的吏治应该比任何国的吏治都要格外清明，但是事实却得其反。这不是说监察制度本身不好，乃是因为监察院尚未充分发挥它的职权。过去被纠举弹劾的都是一些无关紧要的低级公务员，惩戒委员会仍不免以"不受处分"四字了局，这种"窃钩者诛，窃国者侯"的监察惩戒办法，殊不足以澄清吏治！

第六，现代各国莫不已确定公务员的退休制度，制度的本身

---

① 原文为"信常必罚"，疑误。——编者注

容各有出入，但用意则一。即：一方面使老弱残废者及时淘汰，青年有为者得有晋升的机会，如此新陈代谢，行政方能永久保持生气蓬勃的状态；另一方面，公务员因知到［道］年老力衰不能继续工作时，生活仍有保障，则即能安心服务，努力向上，唯恐因成绩过劣或犯过失中途被撤职，致丧失其应享的退休权利。故建设退休制度，即所以间接增进行政效率。我国政府过去只是偶尔对少数人的死亡从优议恤，至于一般普通公务人员则虽终身服务，因劳致疾伤亡了以后，以很少得到政府的宠赐，只落得做一个无名英雄。其实，一般要人类多属于富有之家，政府纵不从优议恤，他们的治丧仍然是冠冕堂皇，惟有若干的普通公务人员，平日只靠薪俸吃饭的，一旦伤亡以后，不特医药及治丧费无着，甚至全家的生活都发生问题。最近中央已通令公务人员因公伤亡者得保障，而免除其后顾之忧，仍有待设立普遍的及合理的退休制度。

以上种种，即证明我国现有吏治制度仍是在一个极不健全的状态之中，而自抗战以来，政府虽以全国动员相号召，然而仍有举措于吏治发生不良的影响，与全国动员的宗旨适相左。例如，一面漫无标准的裁员减薪，一面却增用许多高薪俸的人，同时对于物价及房租又不设法作有效的控制，使得一般贫穷的公务人员叫苦连天，终日为生计所迫，试问叫他们的工作如何紧张起来？关于这些问题，因限于篇幅，容待他日讨论。此处我所以特别提出的，不过是促政府的注意罢了。

总而言之，单是抗战，已有提高行政效率的必要，若要抗战与建国同时并进，则更非提高行政效率不可。但是要提高行政效率，决不是强迫公务人员每日按时签到，或延长工作时间，或以道德上的激励，或用惩罚种种消极的办法所能济事的，必得要更进一步求吏治的根本改革，始有希望。否则，不过是缘木求鱼而已。

二七.七.二三，写于云南大学①
发表于《云南日报》1938年7月24日第2版

---

① 此处用的是民国纪年，指民国二十七年七月二十三日，即1938年7月23日，下同。——编者注

抗战建国中的行政机构

一

在过去二十余年中，我国内受封建势力的阻挠，外受帝国主义的压迫，统一莫由实现，建国无从着手。这次对日抗战，即是国人的猛醒，一方面借抗战摆脱了外力的桎梏，一方面促成了国内空前未有的团结，诚可谓一举两得。直言之，以前建国的障碍，至此已一扫而清，而且唯有加速的建国，方足以支持长期抗战，这是显而易见的道理。所以，抗战、建国不特是相依为命，简直已成为一个不可分解的名词。

但是要知道，现代的战争是科学化的战争，是需要高度效率的战争，胜败决于前方军事的因素较少，决于后方行政的因素较多。故应付这样的战争，非使行政与军事配合不可。即，建国已成、实力已充的国家，一遇战事，为欲达到人力、智力、财力、物力总动员的目的，仍不惜百般设法，极力提高行政效率，我们的敌国日本即是一个显明的例子。我国对于这次抗战，事前既一切均无充分的准备，要靠临渴来掘井，政府所负的职责不特较平日艰难重大百倍，即较普通国家的战时政府亦艰难重大百倍，因此改革行政，提高效率，实为刻不容缓的要图。

然而事实告诉我们，抗战以来，我国在军事上固已有长足的进步，在行政上则殊少改革，政府机关的因循泄沓，敷衍迟钝，一如往昔，全无战事紧张的气象。《抗战建国纲领》中对于行政的改革，虽有所提及，但自该纲领通过至今，又将半载，仍未见政府有何动作。最奇怪的，国民参政会诸公前对于增设地方民意机关一事，辩论甚为激烈，对于政府所提改革地方行政机构一案，反而轻轻放过（据报载如此）。殊不知地方行政机构的改革更有重于民意机关的设立！不久以前，孔祥熙先生在渝发表谈话，说此后行政院注意的中心事项有二：一为促进生产建设；二为提高行政效率。其实，此二事只是一事，因为要促进生产建设，必先提高行政效率，若不提高行政效率，即无由促进生产建设。

但是，如何才能提高行政效率呢？这却不是一个简单的问题。空口呐喊，固不足以增高行政效率，即三令五申，严厉的督责公务人员加紧工作，整天愁眉苦脸的［地］坐在办公室，也是枉然。唯有采用科学方法，对于行政上的弊端，切实加以研究，然后对症下药，彻底廓清，始有成效可言。我国目前行政上的缺陷太多，不胜枚举，但是机构的不健全与人事的腐败，实为行政效率低落的两大主因。于此仅就调整行政机构一项加以论列，关于人事的改善，容待他日另作专题讨论。

二

欲求行政效率的增进，首须有健全的机构。机构健全与否，须视其是否简单化、合理化，(否则)①即难望运用灵活。故《抗战建国纲领》中第十四条对于"改革各级政治机构""以适合战时需要"亦有如此的规定。然如何才能使之简单化、合理化？《纲领》宣布后，却无下文了！就作者研究行政学的一得之愚，认为任何行政机构，至少要满足下列两个条件，方可称得简单化、合理化。

第一个条件是：凡属性质相同或相关连〔联〕的事务，应划归一个机关管理，而一种事务决不可分割让几个机关去管理。如此，机关单位不至过多，各机关间的权责易于划清，人力、财力亦可集中，指挥、监督既能统一，执行合作亦感便利。

第二个条件是：行政机构不仅注意纵的组织，同时还须顾及横的联系，不然，则各机关单位必各自为谋，各行其是，结果行政设施，固缺乏统筹兼顾的计划，即行政动作，亦不能取得协调，甚至发生工作重复和权力摩擦的现象。

行政机构简单化、合理化的原则，既如上述，现在让我们根据这原则来检讨我国现有的中央与地方行政机构。

三

关于中央方面，把广义的政治机构所有的问题，如在战时党与政的关系应如何调整，五院制度有无保存的必要等等，暂且搁置不谈。单就狭义的行政机构而论，本来在系统上，行政院是我国最高的行政机关，国民政府不过是政制上的拟制，并不负实际

---

① 根据文意，"即"字前应是漏掉了"否则"二字。——编者注

的政治责任。照理，除行政院统辖的各部门而外，不应再设立与行政院平行或超乎其上的行政机关。然而以已往的事实适得其反，直至本年元旦为止，中央于国民政府之下，曾设有全国经济委员会、建设委员会、军事委员会，以及许多次要的独立机关。这些机关不特不受行政院的指挥监督，反而有些足以支配行政院，如军事委员会是。再细察它们所管理的事务，不特在与行政院各部门所管理的事务相重复，甚至于抵触。例如，全国经济委员会所管理的水利、公路、卫生等与建设委员会所管理的水利及公用事业等，根本即是分割了原有实业部、交通部及卫生署的职权。至于行政院下交通部与铁道部对立，卫生署与内政部对立，侨务委员会与外交部对立，蒙藏委员会与教育部对立，以及许多不必要的骈枝机关，更增加了许多行政上的困难。

要而言之，在战前中央的行政机构，已是叠床架屋，组织复杂，系统不明，权责不清，各机关之间，不特缺乏协调及合作精神，并且互相牵制，有利则争，有过则诿，结果事事不能顺利进行，工作效率无形降低，人力、财力、物力更多浪费。如此这般，已违背了简单化、合理化的原则，不能适合战时的需要。毋奈[①]于抗战发动之初，政府未加思索，更将军事委员会扩充成为八部，虽有两部根本未能成立，但成立的六部简直与原有的行政机构重复，而形成一种双重的组织。因之，牵制愈多，行动愈缓。经过数月的试验，当局始觉此路不通，而有改弦更张的必要，于是本年元旦国府明令："海军部着暂行裁撤，其经管事务归并海军总司令部办理""实业部着改为经济部""建设委员会及

---

① 同"无奈"。——编者注

全国经济委员会之水利部分，军事委员会之第三部、第四部着并入经济部""铁道部及全国经济委员会之公路部分着均并入交通部""卫生署着改隶内政部""全国经济委员会之卫生部分着并入卫生署"。嗣后，又将禁烟委员会并入内政部，中央行政机构经过此番改革，无疑的已较前简单化、合理化，尤其是政府当局能借抗战的力量，破除以前所不易破除的一切人事关系，毅然大刀阔斧的改革，更值得我们歌颂。

不过，我们认为中央行政机构距战时化的理想境地尚远，百尺竿头，还须更进一步。第一，在战时，行政与军事息息相关，是不可勉强分开的。为求指挥统一，权力集中起见，最好将现有的行政院和军事委员会打成一片，名之为战时内阁固可，名之为最高指挥部亦无不可。全国既有一个共同拥护的最高领袖，而政治与军事的责任在事实上又皆集中于他一人之身，此事若谋实现，想亦不难。第二，现在各部还有许多附属的骈枝机关，特别是各种有名无实的委员会应该酌量裁撤或合并。第三，要加强横的联系。

关于第三点，还有详细说明的必要，所谓横的联系工作，约可分两种：一是设计；二是管理。过去我国政府（根）本不注重设计，往往把设计的工作委诸负执行责任的下级人员，结果所谓设计，不是拿些原有的法规，略加修改，即算了事，便是凭空臆造，作一篇洋洋大观的公文，以为塞责。至于事实的搜集与分析、工作进行的步骤与方法、经费的筹划、人员的分配，则似乎与设计漠不相关。即有时计划系由专家煞费苦心，详为拟定，但往往被"外行"的长官或上级机关享以"碍难照准"四字，便就"寿终正寝"。再不然，交由秘书或科员在文字上推敲一番，或转辗的"等因奉此"来一大套，便算尽了"审查"和准予备案的能事。因此，各项行政要不是漫无计划，即有计划，亦多半是"纸上谈兵"，不能实行，也无实行的意志。况且各机关拟具计划时，只是顾及自己的立场，互不相谋，你有你的想头，我有我的打算，于是政出多门，整个的行政呈现一种无统系、无组织的状态。

往事已矣，来者可追！现在抗战建国的行政既千头万绪，若不详密考虑，通盘筹划，权衡轻重缓急，按部就班进行，势必治丝益棼，纵不弄到一事无成，亦必事倍而功半，前车之覆，后车宜鉴。唯一补救的办法，即应于行政院中，设置一专门的设计机关，各行政部门所掌管的事项，均由此机关详为计划，分交各部门实行。或由各部门先行拟具初步计划交与该机关作最后的审核，认为可行者，然后付诸施行，其地位有似军事上的参谋本部。如此，既可收行政统一之效，且可使调查统计及研究工作集中，不至像目前，同一地方、同一事物，今日这个机关派一员，明日那个机关又派一人，虽均以"考察"或"调查"为名，实则都是"走马观花"而已。中央固花了很多冤枉旅费，地方更感受应接不暇之苦！欧战时，英国于战时内阁中曾增设一"秘书处"（Secretariat）以辅助内阁规划政策并监督各部的行政。美国除正常的内阁而外，则另设立一"国防参议会"（Council of National Defense），其中的中央设计及统计局（Central Bureau Planning and Statistics）占特别重要的地位。日本政府为应付中日战争亦已成立企划厅。凡此种种，俱可为我国借镜。

其次，各机关的一切辅助功能，即通常所谓总务，如人事管理、财务行政、物料购置与保管等等，固须有统一监督的必要。即各机关的日常工作，亦须随时加以考查，调整与促进。行政院本设有行政效率促进委员会（原名行政效率研究委员会），不过该会的人员均系由行政院的人员兼任，且其职权有限，故无若何成绩表现。若能强化其组织，提高其地位，使其成为一种有力、有能的佐治机关，则未始不可担当行政上的联系及管理的责任。

此外，有一事很值得我们注意的，即据最近报载，"中枢要开发西南各省富源，决扩大组织渝行营经济建设委员会，由行营正、副主任及交通、铁道、经济各部长官，川、康、滇、黔各省军政首领及各项专门人才充委员……该会拟先组织设计委员会，聘请国民参政会驻会各参政员为设计委员，设计川、康、滇、黔四省一切开发事宜……该会将来扩大时，将正名为西南经济建设委员会，正委员长为孔祥熙院长，副委员长为张群主任，及用川、康、滇、黔四省省主席，经济、财政、交通各部次长为委员，一俟中央与川、康、滇、黔四省再度商洽后，即在滇召开首次会议，建设基金，中央将拨助三千万元……"（见《云南日报》9月1日第4版）。窥中枢的用意，似欲借此委员会取得四省当局的密切合作，但是中央现在已有了经济部，全国的经济建设事宜，均应由其统筹擘划，逐步实行。而且，目前半壁山河已陷敌手，所剩下的只是西北与西南数省而已。如果中央认为川、康、滇、黔四省较为安全而重要，有集中精力以谋开发的必要，则尽可利用经济部及各省现有的经济建设机构，略加充实调整，即可为之，又何必另起炉灶，节外生枝？该委员会若果竟得实现，则无异（于）分散经济部权力，而恢复战前全国经济委员会、建设委员会和实业部相对立的状态，则本年元旦的合并，实成为毫无意义的举动。若谓非如此不足以表示中央对于西南的重视并获得各地方当局的合作，亦属欺人之谈！因为地方当局如果有诚意与

抗战建国中的行政机构

中央合作,则只要中央拟定切实可行的计划,诚[详]细规定协款的办法,商得他们的同意,即可付诸施行。如果地方当局仍怀着封建思想,无诚意接受中央的建议(我们相信贤明的地方当局,到此时决不至这样),则仅畀以一个委员的名义,也不能买动他们的心肠。至于该委员会的本身,若照现在的拟议实现,则其组织又①必十分庞大、松散、空虚。挂名的委员固然不能负责,所谓专门人才,恐亦感觉一筹莫展,甚至于安插一大批私人,坐费国帑而已。再者,等到此委员会组织完成,布置就绪,恐怕西南数省,也不像今日这样的安全乐土,容我们从容的座谈开发了。

四

谈到地方行政机构,问题更为严重而复杂。一个地方行政机构除正常的省与县市两级而外,尚有省县之间的行政督查专员制度及县以下的保甲及乡区等等自治组织;二因各省的行政机构名义上虽均以中央的法令为根据,实际上则各省的制度大有出入。所以,要想在此详细的分析一番,势有所不能,只好把全国省县行政机构的共同弊病,提出来讨论一下罢了。

关于省政府的行政机构,过去一般人的指摘,都集中在委员会制身上。诚然,委员会制在我国未能善为应用,这是无(可)讳言的。但是细察省行政机构的毛病,由于委员会制本身的少,由于人事的因素多。假若说一个省政府只设财政、建设、教育、

---

① 原文多一"何"字,已删。——编者注

民政四厅，而以秘书辅佑省主席监督四厅[①]并担任联系的工作，一切大政方针及重要事件，则取决于委员会，同时省主席及各厅长均对委员会负政治上的责任。这样虽不是一种理想的机构，也颇合乎简单化、合理化的标准。然而事实却有大谬不然者，四厅本来是有政府的本部机关，却脱离了省政府而另成一级政府，秘书处除了代替省主席批阅公文而外，对于各厅的事务既不能过问，更无法联系。至于各厅长与主席的关系及在委员会会议中所处的地位，则每因人而异。不特如此，省行政机构，往往因人设事，除了四厅之外，还有无数的重复骈枝机关。最近作者也把云南省政府的组织图稍为涉览一过，即发现了直属于省政府而与各厅平行的"三委员会""三局""三处"，不下十余个之多，至于各厅以下的半独立性质的附属机关，更是不一而足。举一反三，其他各省的情形，想亦相差不远。易词言之，目前各省行政机构所表现出来的叠床架屋、庞大复杂的情形，不啻是战前中央行政机构的缩影！

中央为适合战时的需要，已毅然有所改革。但是各省，除西康建省委员组织条例经过一次修正，将原有的秘书处及民、建、教、财、保安五科，改为秘书处、政治组及经济组，政治组下设民政、财政、教育三科，经济组下设交通、农牧、工矿三局，以为开发边疆的准备而外，其他各省只有少数的变动，机构的本身，简直未有丝毫的调整。中央对于地方行政机构的调整方案，固始终未见宣布，反而画蛇添足，命令省、县、市政府各成立所谓总动员委员会，此种委员系以各级政府军政当局为当然委员，

[①] 原文为"教"，联系上下文，应是"厅"字之误。——编者注

另聘当地的名流及专家为设计委员。以其性质及职权而论，它并不是一个行政机关，只是负责设计，拟具方案，提供政府采择实行而已。在政府方面，以为如此可[①]以集思广益，实际上因各设计委员均系义务兼职，且人数众多，分子复杂，各人既无余暇从事搜集设计资料，复对政府实际情形感觉隔阂，纵有见到的问题亦恐投鼠忌器，不敢直率提出，即提出亦不见得发生成效。结果，大家只取敷衍的态度。明显地说，所谓总动员委员会也者，不特对总动员的工作殊少贡献，甚至连本身亦不能动员起来！作者因忝列云南省总动员委员会设计委员之中，即觉有此情形，其他各省如何，则不敢遽下武断。不过我认为，欲达到总动员的目的，只要将现有的地方行政机构，加以调整推动即足。不然，纵再设若干委员会，亦于事无补。

　　地方行政机构需要改造，不仅止于省政府，县政府尤急待调整充实，要知县政府是我国行政机构的基石，举凡中央与省府的政令，莫不靠它来推行，在平日它所应办的有保甲、自治、教育、赋税、户籍、土地、农田水利、森林工艺、救济赈恤、维持治安、修筑道路等等重要事项。当此战时，更须担负民众组训、征兵征工、前方的供应、后方的准备，以及种种总动员的特殊任务。可说它的工作是包罗万象，应有尽有。纵使有大批的人才、丰富的财源供它支配使用，犹恐顾虑不周，执行有误。试问，以目前一二十个才能有限、薪金低薄的人员所组织成的，及专靠附加与临时筹措的经费来支持的县政府，如何能够胜任愉快？所以我国的行政机构，根本就犯了头重脚轻的毛病——上层的组织过

---

① 原文为"所"，应是"可"字之误。——编者注

于庞大，基层的组织过于狭小，而且在此狭小的组织中，以前还有各局与县政府分庭抗礼的现象。无怪乎我国一切行政，都是一些官样文章，法令由中央传到省政府，由省政府推到县政府，一到县政府，不是[①]如石沉大海，便成为苛民扰民的把戏。所幸者，近年来，当局已渐渐注意到县政府的革新，如裁局改科，考选县长，训练佐治人员等，有若干省份已努力实行，但是也有若干省份，连这几点尚未做到，甚至还保持所谓"包办"制度，实则就是包而不办！更说得明显一点，县政府本来是我国直接于民、与民众利益最为密切的行政机关，然而迄今已成为人民最大的怨府！因此，为抗战建国计，为复兴民族计，彻底改革县政，已成为最紧急的企图。惟此地的改革，不是如何使县行政机构简单化的问题——因为它已是简而无可再简了——而是如何使之强化、合理化的问题。不仅组织需要扩充，人员经费更需要增加。换言之，目前县政所患的是贫血症，非十全大补汤不足以挽回颓气。最近湖南省政府在张治忠先生的领导之下，除更调各县县长，严惩贪污而外，更训练数万智识青年，分发到各县工作，因之该省县政，已大有起色，希望其他各省亦能迎头赶上，并应尽更大的努力。

五

国内既已趋于统一，本年2月29日国民党临时代表大会所制定的《抗战建国纲领》亦已得到代表各党各派及各地方的国民

---

① 原文为"足"，疑"是"字之误。——编者注

参政会的正式宣言拥护了,可说全国已定下最高的国策和共同努力的目标,在原则上无再争论的余地,在政治上已消弭了纷扰的隐忧。现在政府的大前提,同时也是一般国民所殷诚期待的,是如何以最敏捷的手段和最有效的方法,使《抗战建国纲领》付诸实施。欲达此目的,厥在积极的改革行政,而改革行政,尤以调整各县政府的行政机构为首要。中央已有的调整,犹嫌不够,地方尚未开始调整,更望急起直追,务必使整个的政府成为一个有机体。唯如此方能运用灵活,有如身之使臂,臂之使指,不致有停滞迟钝的现象。

二七．九．二〇,写于云南大学

发表于《新动向》1938年第1卷第8期

提高本省公务人员待遇的商榷

当此国难日深，一般人士都大声疾呼提倡节约，督促公务人员刻苦勤劳、努力支持抗战的时候；又当本省因战时的供应，财政特别困窘的时候，我竟贸然建议提高本省公务人员的待遇，必不免有人要说我太不识时务了。但是，如果我们撇开感情作用，平心静气地来就事论事，则知我之所以于此时特别提出这个问题来，并不无相当的道理，更有其重要性在。

人们的一切活动，虽不如达尔文一派学者所说，完全囿于生存竞争的规律，然而我们不能不承认，"谋生"的确是人们努力的主要原动力。在一个人的生活未有得到适宜的解决以前，他必定对于世界上其余的一切，都不至感觉兴趣，更何能谈得上爱国！"衣食足，然后知礼仪"，古有明训。我曾经也说过："枵腹从公，只有圣贤才能做到，是不可希望于一般人的。"政府的公务人员中既少圣贤，若偏要把他们个个都做圣贤看待，岂不是强人之所不能？故欧美各国近年来虽极力地讲求行政费用的经济，却不轻易地减低公务人员的薪俸；虽积极的提高行政效率，却不专用道德上的术语来激发公务人员的天良，更少用严法苛令来督促他们的努力。反之，他们只老老实实的根据当时、当地的生活程度和社会上劳力、智力的供求状况，在尽可能的范围内提高公务人员的俸给，并增进他们的福利。一则借以罗致国内的优秀人才，二则使在职的人员均能安心工作，努力向上，不致见异思迁，个个都把政府的事业的成败和自己的事业的成败打成一片。如此，行政效率就不期然而然地提高了。

我国人素来好唱高调，不务实际，以为公务人员只应崇尚气节，克己奉公，对于薪俸的厚薄，是不必计较的。尤其是在此国难期中，节衣缩食之不暇，更何能提出增高待遇之要求。诚然，在国难期中，应该提倡节约，政府也应采行紧缩政策，减少行政用费，以移作抗战之用。不过，节约应该要每个国民都实行，政府要紧缩，也应该先从不必要的支出着眼，若只是责备少数的公务人员吃苦头，不特失之公平，反而无形中减低他们的效能！

大家都知道，云南现已成为抗战建国的后方重心，其所负的使命特别重大，即本省的朝野人士，也都已有了同样的感觉，并且当局正积极的以谋刷新政治，提高行政效率，这是使得我们十分兴奋的。不过，要刷新政治，提高行政效率，方法虽多，最要紧的莫若使"事得其人，人尽其才"。欲使事得其人，人尽其才，又非先提高公务人员的待遇不可。因为若待遇过低，凡属才能之士，必望而却步，纵有降格相求者，亦必暂作栖身之计，难望其鞠躬尽瘁。

按本省现有的俸给规定，主席、厅长每月所得，若以国币计算，尚不满百元；等而下之，科长只有二三十元，科员十余元；书记、录事之类，则仅数元而已。如此低薄的待遇，实不免太属矫情，太不合理！一般长官，容或不必专靠薪俸过活，否则，以其所得，恐怕连茶烟钱都不够开销。最苦者，只是一般下级人员，他们除了正常的薪俸而外，是另无法门的。从前云南处在边陲，生活程度不特较首都为低，即较其他若干省份亦低，故公务人员的待遇虽薄，尚可勉强维持生活。现在的情形却已大变了，自抗战以来，外省的人士及机关纷纷迁来此地，因人口激增，房租及物价均已随之上涨数倍，近来更因法币、外汇跌落，舶来品尤昂贵得可怕。以目前昆明的生活程度而论，几已超过战前上海、南京等处的水准，即在外来机关中服务的人员，虽所得较丰，亦已是捉襟见肘，叫苦连天，何况本省的公务人员！现在仍然拿着战前的薪俸，其所处的困难境遇如何，当不可言而喻了。如果照这样的情形继续下去，必不免要产生下列的流弊：

（一）公务人员中，上焉者，则到处钻营，身兼数职，结果政府各机关中，挂名者多，负责做事者少；次焉者，因活动力较少，不能弄到兼职兼薪，则必出以贪污行为，以资弥补；至于一般既不能兼职兼薪，又不能得到贪污的机会的低级人员，或是洁然自爱的人员，则必感受严重的经济压迫，终日愁眉苦脸，没精打采地坐在办公室里，不特无心工作，即勉强工作，也不过敷衍塞责而已。如此这般，政治何由刷新，行政效率又何由提高？

（二）现在既然有许多自外迁来的机关，无论其属于中央的抑属于私人经营的，一般的报酬都比本省机关的报酬为高。俗语谓："人往高处走，水往低处流"，此乃是自然的趋势。因之，凡稍具才能的人们，无不想在外来机关中谋一官半职，而不甘为本省效命。即原来在本省机关服务的优秀分子，亦难免不心猿意马，舍秦而事楚。至于不能得到这样机缘的人，也必为之心灰志短，不满于现状，对于固有的工作，则纯然取一种消极的态度，谁还愿意抖擞精神地苦干！照这样，本省的机关要想罗致人才固属困难，即罗致到了，要希望他们忠于职守，更是不可能。易词言之，所谓"事得其人，人尽其才"，必成空谈。

（三）因为外来机关与本省机关骈肩而立，彼此的待遇却甚悬殊，即不免使本省人士对外来人士发生一种歧视的心理，此亦人之常情。前此社会上常有所谓"吃国币"与"吃滇币"的论调，即是歧视的心理的表现。这种歧视的心理，小则足以增加私人间的摩擦，大则足以阻碍公务上的合作，直接、间接都可影响到抗战建国的前途，岂可等闲视之！

根据以上三种理由，所以我敢于主张提高本省公务人员的待遇，并希望当局从速采择实行，至于应提高至何种程度，我以为一方面要以外来机关的俸给为标准，另一方面则须顾及本省目前的生活程度，务使每一个公务人员的正常所得足以养廉，至少也能维持最低的生活。

有人或许要问：若将本省公务人员的薪俸一律提高，省行政预算，势必大为增加，以目前省库如此空虚，何能做到？我却不以为然。

第一，因为现在本省公务人员中兼职、兼薪的例子还是不少，与其叫他们拿几份薪俸而实际上对所兼各职顾此失彼，毋宁把几份薪俸集合起来，提高待遇，使各人单任一职，单办一事，尚可以专责成。

第二，在低薪俸制度下的人员，虽不无长才，然而大多数不免是滥竽充数的，因此普通一人一日所能处理的事务，往往十人费十天的工夫还办不好。据我所知，某厅的某所于成立之初，曾由厅内调来三位职员，一管文书，一管调查，一充书记，该所的事务本甚简单，然而因为那三位都是兼差的低薪俸职员，总是办不清楚。后来该所所长觉得很不[①]满意，把那三位职员一概屏

---

① 原文为"不很满意"，揣摩文意，应是"很不满意"。——编者注

退，另外以较高的薪俸雇了一位职员来，将所里的一切事务都交给他一手包办，过了不久，这位新职员反而觉得无事可办，清闲得难过了。这不过是千百个例子中的一个，其余概可类推。简单地说，一个机关与其以低薪俸雇许多不能办事的冗员，倒不如以高薪俸雇少数能办事的干员，较为经济。

第三，各机关如果将现有许多不必要的滥费一律免除，用以增加公务人员的薪俸，我想一定足足有余。

第四，假若上列的三项办法都能做到，仍不能弥补提高一般公务人员的薪俸所需的款项，当然要使整个省行政经济有所增加了，但是这种的增加，为数必不至很大，而且足以借此刷新政治，提高行政效率，使抗战建国工作得到顺利而迅速的推动，自亦有其相当的代价。再从人民的立场看，政府的行政费用增加，人民的负担当然随之加重，但是公务人员既不能以正常的薪俸养廉，势必要另行设法，以图中饱，红黑羊毛取在羊身上，故低薪俸制度未必能减轻人民的负担，或竟适得其反！

总而言之，政府采行低薪俸制度，在表面上似乎是节省经费，究其实，殊为极不经济之举；反之，提高公务人员的待遇，骤视之好像政府的行政支出要骤形膨胀，但若行之有道，却不至如此，于政府固得足以偿失，于公务人员则不啻得到雨露之恩。故我虽处在客卿的地位，仍不惜就管见所及，将此问题提出讨论，以供本省当局参考。

《云南日报》1938年10月9日第2版

县行政应有的改革

——四月六日朱沛西先生在本所的演讲

诸位同学，自己在没有来到贵省之前，外面的朋友，都认为云南很边远，文化很落后，所以熊校长邀自己到这边来，都考虑了好几天。到了贵省以后，才知道一切都不在各省之后。很令外来的人满意的。自然，要以外国作标准，应当改进的地方还很多，但只不限于①云南一省，中国各处都是很落后的。昆明的自然环境甚好，如果我们善为经营，国内、国外广为宣传，可以希望发展成为瑞士一样的。瑞士的天然景色固然好，但是昆明并不在其下，不过，他们经营的［得］好，足以吸引国外的游客参观，国家的收入，多半靠着旅客上征收下来的。贵省的政治也很进步，如各位集合到此地来训练，求得些智识带回各县去建设，以后自然更会进步的。

自己蒙贵所叫来同各位讲话，非常的高兴！不过，当初只认为仅属考取的县长，到了这边才知道还有佐治自治班更多的同学。所以当初预备要讲的问题，比较尚［专］门且偏属于县长方面，对于佐治自治班的同学或许不会感到什么兴趣，但是大家都是有着连带关系的。

---

① 似应为"不只限于"。——编者注

今天所讲的题目就是"县行政应有的改革",我觉得这个问题非常重要。中国对于县的区划,在列国时就已确定为政治的单位了,几千年来都没有什么更废,他[它]是与人民直接发生关系的。不过,过去的县政,事务简单,只要能维持治安,息事宁人,就足尽县政的能事了。换句话说,就是消极的行政,而当县长的人,只要不扰民,粮赋办理清楚,事情便很少,所以也非常好做。可是现在的县政,却不是这样子的了。因为社会组织复杂,人事纷繁,虽然县之上有省、有中央,但是执行的责任,还是赖于县的单位。现在的县政,可以说是积极的、有为的,他[它]的重要,就此可以想见了。

我们要改革宪政,先要来讨究他[它]的缺点,然后才能下手。现在县行政的缺点,可以分为外在的缺陷与内在的缺陷两方面来说明。

外在的缺陷,就是中央与各省的缺陷。过去,中央与省的组织单位太多,执[职]责没有划清,指挥、监督成混乱状态,不能统一。如某一件事,对于省府各厅、中央各部都要应付,与种种机关都发生关系。这是第一点。

此外,上级政府,对于各种政务,缺乏棉[绵]密计划,每一件事,多朝令夕改。自己的主张拿了出去,才着手又变迁了。所以办理县政的人非常困难,这是第二点。

中国幅员广大,一省有百多县,小的也有几十县。可是交通不便,对于许多事情,考察不易,中央与地方多发生膈膜。对于各个地方的需要、经济的建设,中央虽也加以考察,然而走马观花,不着边际。许多事情,都以自己的意见去办,结果一切都不切实际,这是第三点。

县行政应有的改革

内在的缺陷，也可以从三方面来看。

第一，机构上的毛病。有两重：A.组织不完整，不能成为息息相关的有机体，随事都欠棉［绵］密、欠合作。中国许多省政令不能与地方打成一片，同时，县之下各局又自独立，县长的指挥不统一。B.组织欠充实。现在的县行政，既是积极的、有为的机关，对于建设、教育、财政、公安等，以现在县政府的能力，都是办不了的，因为许多事都带有专门的性质，非普通人才所能担任。

第二，县行政人员方面的缺点。诸位来此受训，对于县行政的改进，已是进步的现象。过去的县长以及最小的公务员，都是做［作］推荐来的，所用的人都是些亲戚，怎样会有好的成绩表现得出来呢？不仅质量上差，数量上也还不够。每县由县长到各区办公的人，统计下来不过二三十人，有的县长连书记都不想请一个，大家试想，这样怎能把县政办好呢？

第三，财政上的缺点。中国各县县政上的财源，多没有固定，专靠各种附加。而附加税有时是不可靠的，即便可靠，附加亦须人管理。有限的收入，除了管理人的薪俸外，真是微乎其微。俗语说"巧妇难为无米之炊"，没有经费，如何能够来办事？

以上所说对于人事上、机构上、财政上，都是县行政的缺点，自己便有改进的几种意见：

第一，机构方面力求调整。现在中央已经注意到裁局改科、合署办公了。县以下的各局，改设为科，完全归县长掌握指挥，一切的冲突摩擦，皆可避免。美国过去的省①，与我们的县市一

---

① 依文意，指的是美国各州政府。——编者注

样，组织不健全，现在称为"旧政府"。自1910年改组后，将单位减少，便成为很完整的有机体，行政效率大为增加。我很希望贵省在最短期内得能实现。其次，各个单位合拢在一处办事，可以融合情感，便于接洽。小国因交通设备不完全，电话、汽车尚没有普遍，遇到事情要走拢接洽，时间上便大受损失。此外，合署办公，对于经济上也可以节省下来。

第二，组织方面力求充实。我们即使办到废局改科、合署办公都还不够。如果要县政府确实负责起来，还要扩大组织。中央与省所规定的法规，多属刚性的，规定以后，人员便不能增加。各局的性质不同，你如果人员固定了，事情还是办不起走[来]，同时，目前还要增加以下几科：

1. 兵役科。用专门人才以办理征兵及一切兵役事宜。

2. 卫生科。世界上不讲卫生的，以中国第一，必得设科以促进各县卫生事宜。

3. 救济科。关于失业、残废、鳏寡、可怜之人，急需救济，当设科专管。

4. 民训科。中国人民智识落后，如无相当训练，随事都不易举办。

5. 调查统计科。国家走上建设之途，调查统计关系綦重。过去之调查，全根据县政府，可是他[它]奉到命令以后，没有人去调查，随便填些[写]，敷衍公令，完全不可靠，非设科专管不可。

要达到以上的扩大组织，内容才算充实。

第三，关于人事方面的改进，过去的县长当然不对。而现在已经实行考试，这是非常要紧。不说县长是经过考试的，他是万能，也把一县的事办不好，必靠他下面的佐治人员。在座的诸位佐治人员，颇不乏高才，然而就普遍的来说，智识均感不够。因为现代随事都是含有专门性质的，并不是像过去公文式的办法。所以，我认为佐治人员，也必须要经过考试，至少也需要高中毕业才行。这是质上的改进。

另一方面，量上也要增加，同时提高待遇。中国的情形，机关愈高，办事人的待遇愈优厚，县里的待遇却最低。贵省的县长，几十块钱一个月，事情又多，报酬又薄，如果不括地皮的话，连生活都没有办法。我看昆明市很多的房子都是县长盖的，大家试想，他不括地皮，从何而来？所以，提高待遇，可以补救贪污。

此外，还要加以保障，注重考绩，不能轻为撤换。当县长的不存在五日京兆之心，而且他不会怀疑着失业，县政自然会进步的了。

第四，关于财政方面，要划清收入，不要依靠附加。有了固定税源，然后确定预算，核计临、经各费，方不至临渴掘井以及滥费等弊。并实行新式会计制度，以便易于清查。

以上所说几点，是改善县行政的最低要求，尤其是在抗战时间，需要更为迫切，希望得能马上见诸实现。不过是改进之权，不是大家所做得到的，同时也不是兄弟当个教授的人所能办得到的。这完全在于执政者的掌握。不过，各位是办理县政的负责人，应当要本着所知道的，尽力去办，打破做官的观念，提起做事的精神，佐治人员亦复如此，中国的政治便有办法了！

发表于《县政月刊》1938年第2卷第10期

论专家行政

自产业革命以后，政府的功用在量的方面及质的方面，都已起了很大的变化。在昔日人民生活及社会组织单纯的农业经济时代，政府的主要任务即在治民。这种治民的工作是尚消极的、无为的，只要做到"政简刑轻"和"息事宁人"的地步，便为已足。甚至有时"约法三章"，亦可垂拱而治天下。故此时的官吏，重德操而不重才能，凡稍通文墨、明事理者，类能为之。然因产业革命的结果，人民生活及社会组织均日渐复杂化，公共的需（求）既随之增多，权益的冲突亦愈形尖锐。当时欧美各国，以民治思想之勃兴，专制的压迫解除未久，余毒尚存，人民对于政府不特不甚信赖，且多少有些畏惧的心理。故"放任主义"得以应运而生，尤以在新兴的美国，更趋极端。然而此主义实行既久，竟造成工商业畸形的发展，生产与消费不能配合，公私的利益背道而驰，使整个社会陷于杌陧不安之状态。于是政府的干涉，成为不可避免的趋势。有许多社会事业且非由政府出面提倡或直接举办不可，最近则更有所谓"统制经济"及"计划经济"的实施。凡此种种，均为政府活动范围扩大与权力增强的表现。换言之，今日政府的治民工作，固较百年前繁重多多，并且已由消极的治民进而为积极的治事，同时因科学进步，社会的分工亦愈精细，政府对于各种事业要加以适当的管理与处置，已需要具有专门智识及特殊技能的人才，若欲自行负责举办的，更非有此项的人才不足以应付，此之谓行政专门化。欧美各国以至于日本，其政府工作至今所以有条不紊，效率特高，就是因为它们的行政已经专门化的缘故。

近来国内亦常听到"专家政治"的论调，其实这是"专家行政"的误解。因为政治系指人民个人或团体（包括政党）对于政府政策之决定或足以影响政府政策之决定的一切活动；而行政则在根据既定的政策以推进政府功能的活动。前者为国家意志的表达，后者为国家意志的实现，两者虽有相互为用的关系，却各有不同的意义。所以一个政治家，只须具有丰富的常识、远大的眼光、坚强的意志、高尚的品格，判断精明、手段灵活，深知社会情形、了解世界潮流，即不难取得领导的地位。反之，一个行政人员，是要负责处理日常细务并解决特殊问题的，故非有精细的脑筋及专门的学术，即不足以胜任愉快。因此，现代的国家无不将政府人员分为政务官与事务官两种，政务官以非专家充任，随政党之起伏为进退；事务官则由考试拔取，任职后按功绩晋级加薪，若无过失，其职位受法律的保障，得终身服务，既不能直接参加政治活动，亦不受政治的干涉或影响。政务官在行政上虽处于监督指导的地位，但关于政策的决定，却往往采纳事务官的建议，或根据他们的报告以裁夺一切。所以，此等行政人员已成为政治的稳定势力。我国人往往不察，把政治与行政混为一谈，殊属可笑！质言之，我们所需要的是行政专门化，而不是政治专门化——事实上，政治也无从专门化。

今日各项行政既须有专门人才担任，但此种人才须经培养始能产生，培养出来的人才，又必须善为利用，方不失培养之原意。而且，唯能善为利用，始可鼓励各人奋发有为、力求上进，故善用亦是培养之一道。

培养专门人才，当然要靠大学及专门学校，但是大学及专门学校只有三四年短短的时间，纵分科如何精细，也不过传授一些基本的专门智识，故欧美各国的大学多附设研究院，以便青年学子更得深造。不过，学生于完成大学教育后，而再有能力入研究院者究属少数，故大部分专门人才，仍须于事业中锻炼而成。例如，英国的大学根本即注重普通而广泛的智识的灌输，即高级文官考试，亦仅以普通的科目为甄别的标准。考试及格人员于任用前或任用后，再加特殊的训练，并对在职人员多方予以便利及鼓励，使个人就自己之兴趣，有继续研究及学习的机会与精神，久之即变为专门人才。美国的办法则稍有不同，即其大学中分科较细，偏重专门教育，而文官考试，亦以专门学识与技术为拔取人才的准绳。然而取录的人员，仅以之充任低级职位，俾于特别之训练及长期之经验中造成高深的专门人才。故英、美的制度容有差异，其注重专门人才之培养与利用则一，其余的现代国家，亦莫不皆然。再者，欧美各国因工商业发达，大学及专科学校学生于毕业后，纵一时不得为政府服务之机会，亦可在工商界找到足以发展其才能的出路。所以大工厂及公司即为专门人才的发祥地，政府于需要特殊人才时，往往还须借重于工商界。

我国的大学及专门学校，在数量上虽年有增加，在质量上却极少进步。以设备及师资而论，比之欧美各国的大学及专门学校，犹瞠乎其后。加以我国中等教育素来落后，学生于进大学及专门学校时，对于工具的科目（如国文、英文及数学等），尚未打好基础，大学及专门学校须以大部分的时间与精力补救此种缺陷，故无法提高程度。学生于毕业后，不特于专门学术所得有限，有的连常识亦甚缺乏！又从前我国教育漫无计划，往往培养出来的人才，不切合政府及社会之用。同时，因我国的工商业尚未发达，学生出了校门以后，除往政府里跑，别无出路，故到处有人浮于事的现象。至于政府用人，一凭私人的推荐、引援，所谓"选贤任能"只是空谈。考试若非例外，便仅具形式。近年政府公务人员虽恒有实施特别训练之举，各机关亦多以附设速成班或训练所为时髦。然究其实，前者近肤浅，后者类多为个人造喽啰，不足谓之培养专门人才！此外，政府对于公务员既不予以继续研究的便利，亦不鼓励他们力求上进的精神，更加以职位毫无保障，大家均存"五日京兆"的心理。做了"应声虫"或"木偶人"犹恐不能保持其"饭碗"，更何暇求学术之深造？

最可怪的，莫如我国政府派遣留洋学生政策的离奇。缘我国之所以要派遣学生至外国留学，乃因感于国内教育落后，不能造就专门人才。既然如此，则对于选派时应如何慎重及之，留学生学成归国后，又应如何设法利用，方不负初衷。然事实上却有大谬不然者。从前政府选留学生的标准既甚滥，而对于他们的选校与选科，亦漫无约束。因此，有许多学生在外国只找一个最小而最易得学位的学校，混过几年便衣锦还乡了，至于富家子弟之以出洋为享乐者，更比比皆是。最近政府考选官费生，虽较前严格，同时对于自费生亦已稍加限制，这算是一种进步。然对于留学生如何设法充分利用，仍未考虑及之。留学生归国后，不论其是否学有专长，政府并未有一个审查的机关，更无一个妥当安插的计划，任凭各个人东奔西跑，自己钻营。有因缘者，固可马上跻于要职；否则，为生活所迫，随便谋一职务，以资应付；甚至有连这样的机会都得不到者。好像政府派遣留学生,把他们一批一批的送到海船上,便算尽了负[责]任,不知政府年费若干万的巨金,为的是什么?

　　近来政府机关也渐渐有延用专家的趋势了,不过对于专家的估计,似尚无确定的标准。一般的心理,以为凡吃过海水的部[都]可算得专家;凡没有吃过海水的,纵有千里之才,亦难得伯乐之识。所以各政府机关里,留洋学生的薪俸与位置,往往较非留洋学生为高。我们并不否认,留洋学生中有许多确实是专家,但是我们也不能不承认有若干是庸才。粗鲁点说,是一窍不通的"饭桶"!若是把他们一视同仁,实未免"鱼目混珠"了。其次,政府于擢用专家时,又累常把专家作为万能看待。所以,官运亨通的专家,无不身兼数职,"委员"的衔头足够惊人。要不然,学自然科学的人,偏要他们去办教育行政;学教育行政的,却要他们去管理公路运输。诸如此类,不一而足。殊不知所谓专家者,只对某一事物有特别的学识或技术,且因科学愈进步,专门的范围亦愈狭小,舍此即非其所知,更非其所长。故视专家为万能,不特不能助其发展所长,反使其精力分散,或用非学,简直把他们糟蹋了!纵使有时人事相宜,然而政府每不愿予专家以相当之职权及经费,对于他们的意见亦不尊重,遂落得徒拥虚名,一筹莫展。并且因为我国政府人员的职位建筑在私人的关系上,即是[使]专家,一至做官,也必须各方应酬,曲意逢迎,否则就不免有"树倒狐狲严[散]"的危险。再加上我国官厅里的"等因奉此"那一大套,所有的精力与时间也就为之消磨殆尽了,那[哪]还有余暇来谋事业的进展?所以,一个专家只要做官几年,就不免沦为非专家之列,甚至失其本来面目而完全官僚化了。

综上所述，可知我国过去政府之所为，不特未能培养专门人才，反足抑制专门人才的发扬。故我国遣送留洋学生虽早在前清即已开始，办理学校亦已有三四十年的历史，至今事事仍有人才缺乏之感。政府于无可奈何之中，不得不以重资聘请"洋顾问"来帮忙，现在政府负起抗战建国的重任，无论政治上采何体制，但欲尽量发挥政府的功能，非从速使行政专门化不可。而欲做到此层，必须注意培养及利用专门人才。这就是说，要改善国内的教育，变更选派留学生的政策，并确立现代的吏治[①]制度。

《今日评论》1939年第1卷第16期

[①] 原文误为"冶"，已更正。——编者注

为"促进地方行政效率"进一言

昨日本地各报登载中央社重庆 15 日电："行政院以战时行政当与军事相辅，而行政效率高低，关系綦重，故除将原有《行政效率促进委员会组织规程》①修正公布外，现为促进各级地方行政效率起见，特通令各省市府即于不增加经费，及利用现有人员之范围内，组织行政效率促进会。参照《行政院行政效率促进委员会组织规程》第二条，关于地方范围各事项，拟具办法，切实推行，并将研究所得及推行卓有成效之办法，随时呈院查考云。"行政院行政效率促进委员会原有组织规程究已如何修改，一时虽无从探悉，然由此即足见行政院已感到过去行政未能与军事相辅，实由于行政效率太低所致，自不能不特别设法补救，而尤注重于地方行政效率之提高。此举不特有其绝对的必要，而且是当务之急，实无疑义。不过问题是：自行政院设立行政效率促进委员会以来，对于中央的行政效率，究已促进了多少？今后是否因《组织规程》修正而能发挥更大的作用？如其不然，则于各级地

---

① 为优化行政设置，提高行政效率，国民政府行政院于 1934 年成立了"行政效率研究会"，出版《行政效率》半月刊，编译"行政学丛书"；1937 年 6 月，更名为"行政效率促进会"；1938 年 11 月，为适应抗战时期行政精简化和高效化的要求，行政院颁布《行政效率促进委员会组织章程》，将"行政效率研究会"改组为"行政效率促进委员会"。——编者注

为"促进地方行政效率"进一言

方政府添设同样的机关,又于事何补?倘若说,有了此项组织,纵不能达到促进地方行政效率的目标,亦可借以提倡地方政府对于行政研究的兴趣,举发利弊之所在,以供中央之参考或作日后改革之张本,固无可厚非。但是,行政研究是需要专门学识和科学方法的,试问这样的工作,能否"于不增加经费,及利用现有人员之范围内"可以做到?这一点也很值得考虑的。

大家都知道,构成行政效率的主要因素不外乎机构、人事及财务三种。此三者如有一不健全,即足以使行政效率低落,如三者同时都不健全,影响之大,更难想象。今日欧美各国的行政效率之所以突飞猛进,乃由于它们的政治"制度化"以后,对于机构、人事及财务三方面经过数十年不断的努力改善及精益求精,所产生的结果并非出于偶然的。至于我国,自民国成立迄今,虽已有二十八个年度,但前在军阀割据的时期,政治极端混乱,根本谈不到什么行政。国民政府秉政以还,国内政局虽渐由分裂而趋于统一,渐由破坏而进于建设,一般人的视线亦开始移集于行政上的改革,实际上政府也三令五申,以此相号召。然而老实说一句,直至现在,我国的政治与行政仍然未脱离中古式的封建典型,距现代化及制度化的境界甚远。质而言之,旧有的"家天下"的传统思想,并未因数度革命而已破除,至今政府的一切措施,均以个人为中心。立法、行政、司法三权似乎已分开而实际未分开,个人的意志可以随时变更法律,个人的行为却不必受法律的制裁。上级政府与下级政府之间,机关与机关之间,长官与属员之间,私的交情屡常胜过公的关系。在此种情形之下,无怪乎政府往往因人而设事,或以事来迁就人。结果,在行政机构方面,明明知道有骈枝机关的存在,却不便裁撤;明明感觉组织过于复杂笨重，运用不灵，却无法使之简单化、合理化。在人事方面，大家虽已见到政府处处有事不得其人，人不能尽其才的弊病，然而推荐引援仍是用人的唯一秘诀。有考试制度，不能推行尽利，功绩制度更无从确立。所谓"选贤任能""信赏必罚"徒托空言而已！在财务方面，政府课税有予取予夺之自由，人民无说话之余地。至于政府的支出，恒凭个人的好恶以为分配，应办的事，往往领不到经费，不应办的事，反倒往往有求必应。同为政府的机关，有的阔绰已极，有的整天叫穷。一般公务人员的薪俸虽是低得可怜，但做大官的人们，几乎个个都能发财。如此这般，纵有预算、会计及审计制度，有何效用？

更明显点说，在"家天下"的思想尚未打破以前，在以个人为中心的政治之下，行政机构、吏治制度、财务行政均无法着手改善的。若此而不能做到，要想组织什么委员会来促进行政效率，岂不是缘木求鱼？

虽然，我们欲达到抗战必胜、建国必成的鹄的，改革行政是必经的过程，提高行政效率也是必采的手段，但是要如此，必须当局者自己先有彻底的觉悟，并具最大的决心。至应如何改革，当然有待详细的研究及周密的计划，决不（是）在表面上做工夫所可济事的。

例如美国罗斯福总统执政以后，曾设立一"行政管理研究委员会"（Committee Management），除聘请国内有名的行政专家充任委员外，另雇用职员多人为之助理。该会经三年连续[①]的研究，始将研究所得的结果作成报告，其中对于美国联邦政府行政

[①] 原文为"继续"，应是"连续"之误。——编者注

为"促进地方行政效率"进一言

各方面应加改革的地方,均有具体的建议。罗斯福去年提出于国会的行政改革案,即完全以此项报告为根据。由此足见别国政府对于行政研究如何认真,于着手改革行政时,又如何慎重。我国竟想不费一文而期获得同样的效果,天下哪有这样便宜的事!其实这类的费用并非虚掷,而是有代价的,因为经专家研究的结果,如果能得政府采择实行,使行政经济化,所能节省下来的款项,岂止千百倍!

至于以现有的人员来组织促进会,尤属可议。因为如以上级长官充任委员,他们都是"忙人",势难兼顾,并且一谈到改革,就不免影响到他们自身的权利,怎能希望他们发生热心与兴趣?退一步说,假使他们均愿意改革,则只要单独发动或共同会商即可决定,又何必另组委员会来促进?反之,若以下级人员来担负该会的工作,姑不论他们有无此项能力与时间,只因地位关系,即不敢妄作主张,纵有建议,亦必人微言轻,难得上司的采纳。即以行政院的"行政效率(促进)委员会"而论,其委员均由院中的参事及秘书等兼任,职员也是由院中职员调用的。据作者所知,从前实际上只有一位参事负责指导工作进行,专从事于研究的,也只有一位专任的职员,其他的委员与职员不过是挂名而已。该会的工作,除出版一种刊物——原名《行政效率》,后改为《行政研究》——而外,并无若何成绩表现。当然,这个刊物,有许多对于行政上专门问题的讨论,一方面呈供政府的参考,另一方面也可启发一般公务人员对于行政上的各种常识,其价值是不可抹杀的。不过该刊物大部分的文稿,都要靠外界人士供给,而其印刷经费,也要靠由行政院通令全国各机关强迫订阅以为维持。至于该会对于中央各院、部、会的实际行政,不特无过问之权，即向之搜集研究资料，亦感困难。夫以人才济济，地位崇高的行政院所组织的"行政效率促进委员会"，成绩尚不过尔尔，以等而下之的省市政府来组织类似的委员会，结果如何，不难揣测。经验告诉我们：有名无实的组织越多，行政上的障碍越大！抗战以来，各级政府所设立的总动员委员会，即是一个很显明的例子。

要而言之，政府不谈提高行政效率则已，不然，政府当局必先自有觉悟与决心，要从根本上着手，而中央政府尤须先从本身做起，以为各地方政府倡。至于行政应如何改革，最好由政府指拨一笔充足的经费，延聘国内专家，授予职权，从事研究，以专责成；或以研究工作，委托学术机关办理，予以充分的资助及便利，亦未使不可。总要实事求是，若虚有其表的花样，似乎可不必。

发表于《云南日报》1939年2月19日第2版

生产建设的行政问题

现代的战争是两方人力、物力、财力的总决斗，前方的军事，固足以影响一时进退，但最终的胜负，则须决定于后方经济的支持，这点已为公认的事实。此次敌我的战争，敌为侵略者，师出无名；我为被侵略者，理直气壮，故在精神上及道义上，我均处于优势的地位。然而敌国已是一个产业发达的国家，其处心积虑之谋我亦已数十年。反之，我国产业既然落后，且因内乱频乘，事前缺乏准备。所以在物质条件下，我又处于劣势的地位，这也是不可讳言的事实。不过我们有众多的人民，有广大的土地，并有蕴藏丰富的资源，如果努力增加生产，物质的缺陷是可以补救的。

此次政府在渝召集全国生产会议，即是针对目前需要而发动的。……孔院长之开幕及闭幕词中，除说明增加生产对于抗战建国之重要性外，并对于今后努力生产之途径详加指示。① 又该会所发表的宣言，对政府所指示各点，亦贡献若干具体的意见，足征全国上下对于生产建设，不特已有了共同的感觉，而且已有了

---

① 全国生产会议于1939年5月7日—13日在重庆召开，大会主席孔祥熙，副主席张群、翁文灏、陈立夫，国民政府各部会负责人、企业代表、专家代表出席者120余人，提案360余件。——编者注

共同的目标可资遵守。这可算是该会议最大的收获。但会议仅有七日的短促时间，提案虽有两三百件之多，所能讨论及决定者，恐只能及于大政方针和一些原则而已，详细办法，仍有待政府拟订实施。孔院长于其闭幕词中有一句很兴奋语说："会议闭幕之日，即新生产发动之时！"我们也希望生产以此次会议起，而不以此次会议终，一扫以前多言而不行的毛病。

生产运动，既然以国防为中心，而政府又为此运动推进的主力，此后政府的职责益形繁重，毋待赘言。政府如何能担当如此更繁重的职责，以期达到预定的目标？却是一个很值得我们注意的问题了。置言之，生产建设，头绪万端，如欲使得到有计划的及很迅速的实现，首先即须改革行政。行政的改革，包括的方面虽多，但重要者，不出乎组织、人员及经费三项。今请就生产分别论之。

一、组织。任何行政，都要经过两个步骤，即计划之拟订与计划之实施。关于生产建设的行政，当然亦不为例外。然而，所谓生产建设不是一种单纯的而是极端复杂的行政，而其中所包含的类别又不是各个具有独立性，而是有相互密切关系的。例如农业生产必须与工业生产相配合，交通运输生产又必须与工业及农业生产相配合，方能各自发挥其效用，此为不可移易之理。以是，于计划一种生产时，即需顾到他种生产，否则若非背道而驰，亦必至畸轻畸重，不得合理的平均发展，结果整个的国家经济反蒙受恶劣的影响。再者，以目前政府有限的人力与财力，若欲对各项生产事业同时举办，势所不能，故必权衡缓急，斟酌需要，择其最迫切而（较）易于着手者先行举办之。有一分力量只能做一分事，若勉强以一分力量来做十分事，鲜有不失

生产建设的行政问题

败的。这就是说，生产建设虽千经万纬，要亦有一个通盘的计划，而这个通盘的计划，又必切合事实，依环境之变迁，随时予以修正。不可过于理想，亦不可过于呆板，以免扞格难行而失计划之原意。

全国生产会议的宣言里已经指出：我国"在国民政府成立以前，生产事业全无计划，国民政府成立以后，虽有许多计划，但因内忧外患，亦未得实行"，内忧外患固然是阻碍计划实行的最大原因，然细察之，计划之不可实现，由于政府行政之窳败，亦所在多有，故政府不能辞其咎。其所以然者，一则因为过去政府并无一个通盘筹划及专门负责设计的机关，仅由各行政机关自行拟具其事业计划，各机关只知本身之立场，或只知扩充自己的权（力）范围，鲜有顾及政府的全局或实际的需要者。结果，不是没有计划，乃是计划太多，彼此重复矛盾，往往轻其所重，重其所轻，急其所缓，缓其所急，整个行政遂陷于紊乱的状态。二则因为各机关于拟具计划时，往往交由几个低级公务员负责起草，这些公务员既无专门学识，有时连常识亦且缺乏，其所能拟出的计划，有何价值，不言而喻。有此两种原因，故以前政府虽有许多计划，实与无计划等。为补救此弊，政府应于普通行政机关之外，另设一专门设计的机关，以负统筹擘划之责，此其一。生产事业既经通盘缜密计划之后，于计划实施之时，行政机关不宜设立过多，组织要简单，权责要划清，并务求适中。过去因人设事，叠床架屋之情况须彻底予以破除。同时，各行政机关之工作，应使之发生联系，不能像以往那样任各机关各行其是而呈现分崩离析的状态，此其二。

二、人员。发展各种生产事业，固需要一大批的技术人员参加，此项技术人员如何训练，如何善为利用也是当前的要图，但是普通行政人员之培养与甄拔，亦不容忽视。因为如果后者的智识水准太低，工作能力太差，即可使技术人员受到莫大的牵制。例如一个机关的工程师急需某一种仪器应用，托庶务科代为购买，而庶务的人员延不照办，或买来者又非工程师所需要的种类，他的工作就因此无法进行。所以政府用人，应双方兼顾。再者，我国虽已颁布公务员任用法，并已树立考铨制度，然而政府用人，仍旧依私人的关系推荐引援，而绝少按法律的标准。往往生产机关其名，消耗场所其实，冗员充斥，真正负责办事而能办事者十不一二。如此不特工作成绩无由表现，反而增重国家与人民的担负！今后政府如欲促进生产建设，非从速改革人事管理，建立文官制度，决难有成功的希望，盖可断言。

　　三、经费。我国本为贫困的国家，自抗战以来，主要税源又多已丧失，故政府的经费，筹措极为不易，可说一分一文，都是出之于老百姓的血汗。生产虽是开源，但在源尚未开浚之先，必须力求节流，事事均应以经济为原则，避免一切无谓的浪费。此外，尤须注意下列几点：（一）量财为用，与其将有限的经费分散来办许多事业，弄到中途而废，或因经费不足，进展迟缓，毋宁集中于少数切要而成功较易的事业。（二）各机关之经费，在编拟预算之初，应严格加以审核，预算一经确定，即须按所列数目充分发给，并按时发给，以免影响事业之进行。过去所有以人为增、减预算，及以人为发、扣经费的对象，而不以事业为主体，以致有些机关太阔而流于浪费，有的机关连正常的开支亦且不能应付。此种变态的办法，实不容继续存在。（三）须彻底铲除贪污，严惩中饱。我国过去国营之产业几无一不有营私舞弊之

生产建设的行政问题

勾当,故政府耗费虽多,所得实效却微乎其微;至于私营产业,亦受贪官污吏之摧残,而不能得到自然的发展。今政府既然特意提倡生产,对于此等败类岂可再事息姑[①]!

以上所举各项,乃为中央与地方共同的问题。至于中央与地方如何分工合作以促进生产,亦为亟待解决的悬案。大凡事之可由地方举办者,纵与国防有关,中央仅可予以技术及财力之补助,使得更大之发展,不必收归自办,以免引起地方之猜忌;如事之由中央举办而收获较宏者,则虽纯粹属于地方性质,地方当局亦不应羁占,反之应于可能之范围内,予以种种之方便。如果我们认定生产建设为救亡图存唯一的途径,而把握着民族至上、国家至上的信念,则一切有形无形的摩擦,均可涣然冰释。

《云南日报》1939年5月21日第2版

---

① 原文如此,"息姑"应是"姑息"之倒序。——编者注

城市的公共卫生行政

一国的强弱盛衰，很可以从它的国民的体质看得出来，有体质强健的国民，其国未有不强盛的，反之，其国未有不衰弱的。体质的强健与否，当然与卫生有不可分离的关系。……记得不久以前顾颉刚先生曾在本报发表一篇关于乡村卫生的论文[①]，他根据自己的观察，举出许多事实，证明乡村疾病疫疠之流行蔓延与医药之缺乏，是抗战建国的最大危机。他这篇论文不特值得政府当局特别注意，凡每个关心国是的人，都应该一读。不过，卫生问题在我国乡村固极严重，在城市亦同样的严重。因为虽然如顾先生所说，我国城市中尚不乏医药之设备，并且城市居民，比较的经济宽裕，遇有疾病，犹有能力诊治，不至束手待毙。这点固然不错，但是以我国城市的现状而言，卫生促进仍不容忽视，因为城市的人烟稠密，不特疾病易于发生且易于传染。故在欧美各国，城市的物质设备虽已臻完备，然对于公共卫生，仍积极改进，不遗余力，也可说各市政府视此为其最重要的工作。我国城市目前在物质的建设上，当然不能迎头赶上欧美各国的城市，但在可能的范围之内，关于公共卫生行政，实在有许多地

---

① 指的应该是顾颉刚的《农村卫生不可不严重注意》，刊于《云南日报》1939年7月16日第2版、7月23日第2版。——编者注

方尚未尽到人事。本省当局已注意及此,最近组织卫生运动委员会,并定于昨日本市实行大扫除,此种运动固可引起一般市民对于卫生的注意,自有其价值,然而要根本改进公共卫生,仍须有恃市政府积极努力。日前本报对此所著短评,曾有若干具体的建议,足供当局的采纳,兹趁此机会,再就管见所及,略加补充。

促进公共卫生,既然是市政府工作的重要部门,首先应该注意的问题,就是如何健全行政组织,并划清权责。我国各市现在虽多有卫生所或类似的机关的设立,但此项机构往往对市政府为半独立的性质,而不是市政府机构的一部。因此,在职务上虽与教育、工程、督饬等部门有密切的关系,平日却各行其是,绝少发生联系与合作。故欲增加卫生行政效率,似应将卫生机关归纳于市府之内,改设一科,使与其他各科处于同等的地位,负责筹划并管理卫生行政事项。此外,另将城市划为若干区,每区设一卫生事务所,直属于卫生科,专事推进行政工作。至于诊治,则应由市立医院负责,不宜与卫生行政机关混在一起。

其次,市政府对于卫生行政经费,应力求充实。过去我国各市的卫生行政机关往往都是有名无实,虽由于人事者半,但经费支绌,实其最大原因。同时,应确立预算及审计制度,俾一分一文,不至浪费,并杜绝中饱,盖贪污是我国行政上最大的弊端,卫生机关亦不能例外。有了健全的组织和充裕的经费以后,还需有适当的人员,方可肩负其责任。卫生行政是需要专门智识的,非普通人所能胜任,故在地方自治最发达的英国,一切地方官吏虽均由各地方政府自由任免,惟对于卫生行政人员,则由中央政府规定资格与待遇，地方政府于任用此项人员时，必须得中央政府的认可，其重视可知。我国卫生专门人才本甚缺乏，又因吏治未上轨道，往往在卫生行政机关服务的人员，连卫生常识都没有，要他们来改进卫生，岂非笑话！更①有进者，我国普通人一般均缺乏服务精神及责任心，而这种劣点在公共卫生机关里表现尤为显著。故政府对于此项人员固应设法培养，慎重选拔，同时也应严格管理。

以上所言，系专就行政而论，至于卫生行政机关的工作应包括些什么事项？也值得提出来讨论一下。据作者所知，卫生行政工作虽至繁杂，约可归纳为四大类，兹分述如下：

第一是统计研究的工作。卫生机关平日对于市民患病的种类、人数与死亡率，应有详细的调查与统计，然后根据所得的材料，研究各种病源及预防治疗的方法，在报章上发表，或印制传单或小册子，发给市民，以供参考。

第二是宣传的工作。我国因教育不普及，一般人民多不了解卫生原理，故提倡卫生，灌输卫生常识，在我国特别重要。要达到此目的，除文字的宣传外，应多作标记，举行展览会，并随时聘请医学专家作公开的讲演和广播。此外，更可利用电影及戏剧以作宣传。不过，宣传的工作，要持之以恒，不是一曝十寒所可生效的。

第三是立法的工作。这就是说，卫生机关对于各种有关卫生事项，应制定详细规章，俾市民知所遵守，制定一种章规［规章］，不必理想过高，要在切合实际，否则不免扞格难行。譬如

---

① 原文为"原"，应为"更"字之误。——编者注

城市的公共卫生行政

要每个家庭装设抽水马桶是不可能的，但是规定每家的厕所应就土法加以改良，以合乎清洁的条件，不是绝对做不到的。又譬如要每个餐馆都应采西式的设备，那是求之过奢，但是规定餐馆应备菜厨，不许将食品故意暴露在门外，以作招牌，而为苍蝇的享受和尘土的蔽翳，一定可以行得通的。由此类推，在不增加市民的负担条件之下，卫生机关如肯努力，能够改革的事项，不知若干。若对于各种卫生事项，即［既］漫无规定，仅责令市民维持清洁，讲求卫生，漫［莫］说智识低下如我国的国民不知所措，即欧美各国教育程变很高的人民，恐亦感觉无所适从。所以卫生当局对于此层工作，是不可忽略的。

第四是管制的工作。各种章规制定颁布之后，必须严格执行。不特卫生机关应时常派员视察，警察亦应随时随地负责监督。不过，于执行规章的时候，要出之以公平，不可苟且徇情，更不可借此以图敲诈。闻本市某西餐馆曾经检查，以不守清洁而被罚，该餐馆或有被罚之罪，但据作者所知，该餐馆的设备，是比较完善的，如该餐馆因不清洁而受罚，则其他的餐馆都应令其关门了！这不（过）是笔者偶然想到的一个例子，亦系传闻得来，是否属实，尚待查考。总之，卫生及警察机关对于市民的卫生，应随时加以指导与检查，并责令其恪守规章。而对于公共场所，如餐馆、浴室、食品店等等，更应严格管制，以防疾病之发生与传染。但当其事者，应认清其地位与责任。

要而言之，我国人因不讲求卫生，整个的民族已走入很危险的境界。要充实抗战的力量，要奠定建国的基础，都非从提倡卫生不可，在乡村固应如此，在城市亦应如此。提倡卫生的根本办法，当然要靠教育，但同时对于卫生行政，亦不能不力求改革。

本篇所论不过是个人的浅见，尚望对此有专门研究者，继此讨论之。

二八 . 九 . 十六，于云南大学
发表于《云南日报》1939 年 9 月 17 日第 2 版

汪逆的主和与卖国

抗战进入最后的阶段，军事、经济、政治以及国际形势于我们益为有利，可说是全国同胞希望最后胜利的到来最热烈的时候，忽然出了一个汪精卫的怪物，率领其喽啰爪牙，弃职潜逃，离开了抗战的阵线，投入敌人的怀抱。自发出艳电以后而至签订所谓"汪日密约"，[1]不惜百般摇尾乞怜，认贼作父，出卖整个的国家和民族，以求敌人的青睐。最近更变本加厉，在敌人的导演之下，公然在两年多前敌人大事屠杀、奸淫、劫掠和现在敌人极力推行毒化政策以残害我们同胞们的南京故都，招集南北群丑和大小汉奸，扮演古今中外所未曾有过的傀儡戏了。[2]他这种倒行逆施、为虎作伥的做法，不特为国人所

---

[1] "艳电"是根据韵母代日，表示29日发出的电文。汪精卫1938年12月29日出逃越南后，由林柏生代为发表了致蒋介石的电报式声明，提议国民政府响应日本近卫声明，实行对日妥协。"汪日密约"是指1939年12月30日汪精卫与日本侵略者签订的《日支新关系调整纲要》和《调整日支新关系原则》《日支新关系调整要项》《日支新关系调整要纲附件》三个附件，这是彻底的卖国投降条约。参与密谈的高宗鲁、陶希圣幡然醒悟，于1940年1月3日逃离上海，抵达香港，并在香港《大公报》上刊布了"汪日密约"的主要内容，汪伪政权与日本的罪恶阴谋被揭露于世。——编者注

[2] 1940年3月，在日本侵略者的扶持之下，汪伪政权与"中华民国维新政府""中华民国临时政府"和"蒙疆联合自治政府"三个汉奸傀儡政权合并，成立伪"国民政府"于南京，汪精卫担任该政权的"国民政府"代主席兼行政院院长。——编者注

共弃,即世界上凡是主张正义的国家和民众莫不加以鄙弃和谴责。

日本把汪逆捧出来,(作)他最后的"一张牌",不特更暴露他的阴谋和毒计。同时,证明他对于侵略的法宝,已至山穷水尽的地步。所以汪逆的伪组织成立,只能坚定我们抗战到底的决心,在国际上只是引起恶劣的反感,对于我们抗战的进展,决不至有丝毫影响的。至于以汪逆个人过去的政治历史而言,他本是一个反复无常、善于花言巧语的政客,绝对不是一个具有政治主张、政治信仰和政治道德的政治家。所以他的中途变节、背叛党国,实意中事。不过像这样的人,过去在我国的政治舞台上竟能朝三暮四,跳了几十年未经淘汰,反而时常身居要职,不能不说是我国政治史上一大污点。而且,因为他是能文善辩之士,过去也有不少的知识分子为他的花言巧语所迷,并且有少数的知识分子跟着他逃跑,作他的爪牙,以助成其卖国的勾当,不能不说是我国文人阶级堕落的象征。不特此也,像汪逆这样的败类,我国政府事前未能早将他正诸典刑,让他安全脱离法网,以致为敌人利用,更不能辞防范疏忽之咎。现在汪逆既然甘心降敌卖国,足证他已丧尽了天良和廉耻,我们对于这种人面兽心的人,纵如何口诛笔伐,决难望促其反省,老实的说,他已值不得我们一骂!况且他现在既已在敌人庇护之下,我们纵人人欲食其肉、寝其皮,暂时亦不可得。所以我们只有加倍努力,一方面肃清国内一切摇动分子和准汉奸,使不(致)再有第二个汪精卫产生;另一方面赶紧把敌人打出我们的国土,然后再和汪逆及其群丑算账。

我们对于汪逆,虽不愿再费唇舌来声讨,然而汪逆在卖国当中，仍未改其善于花言巧语的本来面目，制造许多烂［澜］言，说什么"和平救国"，以图欺骗国人，淆乱国际听闻。他这些烂［澜］言，不特不能掩饰他卖国的行为，反而对他的罪恶欲盖弥彰，除自欺而外，岂能欺人？徒见其心劳日拙而已！不过有一点，似乎尚未得国人十分注意的，即汪逆卖国固已罪不容诛，而单就他的主和而论，亦是触犯国法，罪不容赦。现在让我对这一点加以引申。

国与国之间维持和平，本属正常之道，非不得已，自应力求避免战争，因为战争是残酷的，是非人道的，尤其是现代的战争，杀伤的力量特别强大。要维持国际和平，普遍不外三种方法：（一）各国互相尊重主权和独立，事事根据平等互让的原则处理之，这样当然不至有战争发生；（二）国与国之间愿意将所有纠纷付诸仲裁，以求公平合理的解决，在未采用此项步骤以前，彼此均不诉诸武力，如此战争或者亦可避免；（三）弱国对于强国之一切非理要求和举动，只是接受退让，甚至完全屈服，听其宰割而不加抵抗，这样当然也不会有战争。第一种和平是真正的和平，也是我们所理想的和平；第二种和平只是暂时的和平，而未必能成为永久的和平；第三种和平则是奴隶的和平，而不是任何自尊的民族或国家所能接受的和平。当今的世界仍是弱肉强食，有强权无公理的世界，真正永久的和平固然只是梦想，即暂时的和平亦恒难维持。结果只有以武力对抗武力，从战争以觅取和平。

战争既然因为和平无法维持才（致）发生，但是一种战争发生以后，无论延长多久，亦必有结束之一日，即如欧洲从前因宗教的冲突所演成的三十年战祸，结果经 Westphalia Peace

Conference[①]而得结束,即上次的欧洲大战,虽也拖了四年多,最后仍不免有《凡尔赛和平条约》的签订,由此足见天下无不和之战。汪逆此次主和,就屡次拿这个理由做招牌。但是要结束战争、恢复和平,也有三种情形,始能获得:(一)交战国双方势均力敌,不分胜负,战争持久下去,使得双方都感受痛苦,而愿意同时罢兵言和,重归旧好;(二)处于优势的国家,中途反省,厌弃战争,或者自知适可而止愿意让步,与敌国在合理的条件之下议和;(三)一国将另一国已完全用武力征服,使对方失去了抵抗的能力,如此战争亦当然告一结束了。所以虽说"天下无不和之战",然战后所得上举三种和平的结果,却各有天壤之别!

要知日本自明治维新以后,即以灭亡我国、独霸亚洲、称雄世界为其一贯的国策。它推进这个国策的方法,虽因时代及执政的人随时改变,然其目标是数十年如一日,始终未曾稍有变更的。以前利用我国军阀割据,挑拨离间、威胁利诱,专事制造我国的内战,以坐收渔人之利。及国民政府建都南京以后,因我国内部渐趋统一,日本以前的一切诡计均不得再售,并且恐怕我国完成统一建国以后,势力强大,必非日本所能敌。同时见欧洲正在多事之秋,英、法诸国均不暇东顾,而美国又因孤立派尚占优势,不愿出面直接干涉远东的政局。于是日本的军阀认为有机可乘,侵华的野心愈形明朗,侵华的行为愈趋积极,由"九·一八"沈阳事变起,直至卢沟桥事件发生止,可说日本得寸进尺,咄咄

---

① 即威斯特伐利亚和约,签订于1648年10月24日,终结了欧洲各国30年的战争,奠定了近代欧洲的版图,确立了各国交往的基本准则。——编者注

汪逆的主和与卖国

逼人。最初我国政府以国力未充,准备不够,尚不惜委曲求全,希望日本军阀反省,适可而止,不更为已甚。但是他们并不因此而放弃其灭亡我国的野心,其欲壑反愈填愈深,到了卢沟桥事变发生的时候,和平已经绝望,我国已忍无可忍,让无可让。因为若再忍让,只有完全屈服、自趋灭亡之一途。到此最后关头,我国政府在蒋先生领导之下,遂不惜发动全面抗战,以争取民族生存与国家独立。可见此次中日的战争,是日本一方面所造成的,日本应负完全责任!我国本是酷爱和平,若非迫不得已,何愿有此战争?战争至今,将及三载,我方固已蒙受重大的损失,深深感受战争的痛苦,然而日本的损失亦不在小,而它所感受战争的痛苦与困难,较之我国实更为厉害,此后其军民反战思想之日益高涨,反战的行为日益扩大,足以证明。既然如此,如果日本的军阀幡然悔悟,放下他们的屠刀,退出我国国境,诚心诚意、规规矩矩与我国国民政府根据平等互惠的原则商谈恢复和平,我国何尝不欢迎?只要如此,和平立刻可以恢复,而且我们对于他们过去一切屠杀政策与行为,亦可不据〔拘〕已往,予以宽恕。然而日本计不出此,始终不愿放弃它灭亡中国、独霸东亚、称雄世界的迷梦,即在其已感觉对华战事毫无办法的当中,仍想巧取,把汪逆拉出做它的工具,冀欲藉此结束战争,以实现其以华制华的阴谋。这样只更显得日本人的笨拙,因为他们既已倾巢来犯,尚不能灭亡中国,岂能用一个光杆汪精卫伪傀儡而达到目的?

至于汪精卫的主和,最初他如果觉得敌方因战争无法结束,亦有议和的隐衷,而未察悉敌人用心之毒狠,竟贸然向敌乞和,是无异(于)与虎谋皮,可谓愚昧狂妄已极!如果到后来见敌所要的和平不是汪逆所妄想的和平,因为吃了和平天使的迷魂汤的缘故，遂不惜把整个的民族与整个的国家奉送给敌人，接受一切奴隶的和平条件，以求达和平的愿望，亦可谓下流之至！如此而曰"和平救国"，则在卢沟桥事变之际、淞沪战事未起之先即可办到，又何必牺牲数百万忠勇将士和无辜同胞的性命和财产才做呢？而且如此的和平救国，谁不能做到，又何必要汪精卫独自邀功呢？

更有进者，退一百万步言，假令汪精卫的主和，是出于至诚，并且与敌人交涉和平的结果绝对成功——换言之，敌人因喜爱汪逆的小白脸，愿意自动退出我国国境，恢复我国的主权与领土的完整，在平等互惠的原则之下，与我国共同建立东亚永久的和平，汪逆的行为仍是一种不法的行为，仍须受通敌的处分。因为和、战之权在政府，而且政府对于和、战，亦须经过法定的程序与机关，始能决定，即国家的元首，若无此权者，犹不能妄自宣战或媾和，私人更何能干与？例如，依美国联邦宪法的规定，宣战固须国会两院共同决定；媾和条约，亦须经上议院三分之二的通过，始能批准。故美国总统虽可造成战争局势，但不能单独宣战，虽可主持交涉和平，但不能单独签订和平条约，否则即属违法。按我国现行法律，宣战媾和之权，操在国民政府，代表国民政府者为国民政府主席，和、战决定之权，则属于国防最高委员会及立法院。汪精卫出走之前，虽身居要职，然并无决定和、战之资格，如他认为主和是对的，只能提出其主和的理由，以供政府采纳。政府若不采纳，即辞职甚至于自杀以争之可也，何能私自潜逃，直接向敌人乞和？最近美国驻加拿大的公使因未得美国政府的许可，于演说时，主张美国应参加欧战，以致被美国政府严厉申斥。斋藤在敌国的国会中，因发表不满意日本军阀对华所为的言论，竟被开除。若与汪逆私自潜逃，通敌乞和，两相对此，汪逆之罪，何等重大，应受何种处分？

总之，汪逆的卖国勾当，自汪日密约公布以至南京伪组织的成立，已昭然若揭，任他怎样善于巧辩，亦不能掩饰。而他所标榜的"和平救国"的口号，在理论上固显得他的荒谬，而其主和的方式，更是违背国法。所以他的主和与卖国，就事实言，乃是二而一、一而二，不能划分，但若绳之以法，他却犯了双重的罪恶，即万死亦不足以抵偿！

《今日评论》1940年4月第3卷第16期

中央与地方权界问题[1]

中央与地方权责界限的划分，是中国政治上未决的大问题，也是建国的大问题，自民国成立到现在三十年中，此问题经过无数次的波折，迄未得一合理的解决，所以很值得我们的注意。现在特将本问题分几部分讲述。

一、地方政府在法律上的地位与自治权

在未讨论本题之先，我们必须首先明了何谓地方政府。照学理来说，凡是一个统一的国家，原则上只应有一个政府，但如因国家幅员辽阔，各地的社会政治经济情形不一致，如只有一个政府治理，事实上必发生困难。因此，不得不将全国划为若干区，各设政府以治之，这各区所设的政府即为地方政府，首都所在地则设立中央政府。如何将中央政府和地方的权限清楚划分，使每一单位都能各负其责，这是今日世界各国共同感到重要的问题，也就是我们现在所要研究的。但要解决权责划分问题，必须先确

---

[1] 该文为朱驭欧为云南省政府公务人员所作的演讲，原文并未注明时间，但根据开篇所说"自民国成立到现在三十年中"判定，时间应为1941年。——编者注

定地方政府在法律上的地位如何。地方政府既是中央政府的一部分，则地方政府的或存或废，自然应依国家的意志决定。关于这点，有两种制度为当今各国所采行，即单一国和联邦国。联邦国的责既不属于中央，也不属于地方，而是超然于二者之上，而以宪法表现之。换言之，即中央与地方的责均由宪法规定，并得宪法之保障，除由宪法修改外，不容任意变更。且宪法的修改亦必须由代表主权之主体行之，这是联邦国的特点。至于单一国（Unitary State）[①]在法律上只有中央政府为主权的代表，地方政府不过是中央政府为执行政务的方便而设，其权力仍属中央政府，且系以普通法规定而不由宪法规定。中央政府可随时变更地方政府的权力，或扩大或限制，为所欲为，甚至可以法律变更地方政府的组织或区域，其与联邦国不同之处不难明见。可以说，地方政府在法律上所占的地位如何，全视其国所行的制度为单一国抑联邦国而定。

二、各国划分中央与地方权责之方式

在未讨论我国中央地方权责划分问题之前，我们为明瞭世界各国解决本问题的实例起见，无妨举出几个典型的代表国家加以研究。现在特举出美国、加拿大、德国、苏联、英国五个国家，顺序研究。

（一）美国合众国。美国在开国时仅十三州，各自独立，嗣后因利益相同，共谋脱离英国的羁绊，于是遂联合成立美国。

---

① 原文误为"Unitary rtac"，已更正。——编者注

但当成立之初，只为一临时组织，名为大陆国会（Continental Congress）系属邦联性质。所谓邦联（State bond）与联邦不同，联邦国的性质是组成联邦的各分子须放弃其原有的主权，服从联邦政府的支配；而邦联国则组成分子仍可保有原来的主权。美国之大陆国会即为邦联性质，俟革命成功后，始制定宪法，改为联邦。在开国三十年间，此事成为美国国会中各派争论的焦点。集权派以为主权不能分割，另一派则以为主权可以分割，因而主张各邦交一部分主权于中央后，仍可保存自身原来的主权。美国宪法颁布于1789年，所采的方式是在宪法中列举联邦政府的权限，其在宪法中未经规定的部分谓之余留权（Residual Power）则归各州州政府。因地方政府的权限不以列举方式明白规定，各州州政府都感觉到无从负责之苦。于是又有第三派出来，主张宪法应作广义的解释，即宪法中除已明白规定的部分外，还有治法权（impiad power）①，如此即可将联邦政府的权力扩大。南北战争后，广义派势力抬头，虽联邦政府的权限是列举的，州政府的权力为概括的，但由于实际事实的演变，使联邦政府的权力日形扩大，而州政府的权力则日形缩小。

（二）加拿大。加拿大关于中央地方权限划分所采的方法恰与美国相似。加拿大原亦为英国的殖民地，后来要求最大限度自治权。屡经波折，至1867年英国国会通过北美法案，成为后来加拿大宪法的根据，一切政治制度均渊源于此。在这法案中，将加拿大的自治领政府与加拿大各省的权限予以划分，所以加拿大

---

① 原文如此，依据文意，"治法权"似乎为"立法权"（legislative power or lawmaking power）之意。——编者注

实在是采取联邦制度。英国政治领袖应［乃］鉴于美国过去划分联邦政府与州政府的事权时发生若干纠纷问题，为避免再蹈覆辙起见，乃在北美法案中规定自治领政府与地方政府的事权完全列举第九十一条，并规定："凡本法案所未列举之事权均归自治领政府行使"。美国则剩余的事权归州政府，这是美、加不同的地方。又在该法案中另有两种事权，即农业和移民，自治领政府与各省政府都得共同行使，故又谓共同权。又教育权本属于各省，但法案中又规定自治领政府在必要时得加以干涉，这是因为加拿大新旧冲突甚烈，所以不得不做［作］如此的措置。

（三）德国。德国在此次大战以前是一联邦国家，历史悠久。就以上次大战后所产生的《威玛宪法》而论，其所规定的事权和美、加皆不同。《威玛宪法》将国家权力分为三种：第一种是国家政府所得享有的权力；第二种是地方政府绝对的权力；第三种是共有权，即标准法权（Normal Legislation），范围很广，即是由国家政府先制原则上的法律，而由地方政府依据之以制定细则。这种共有权可算是美国和加拿大所无，而为德国宪法特有的。自上次世界大战以后，德国惨遭战败的痛苦，处于非常的险恶环境中。为适应当时危急的特殊形势起见，宪法中有这样的一条规定：国家政府遇必要时得便宜行事，可将地方政府之事权收回。此外并规定：总统于必要时得以命令代替法律。《威玛宪法》的这两项规定，种下了希特勒独揽大权、横行无忌的祸根。直到今日，则地方政府已毫无权力之可言，完全走向单一制的路上去了。

（四）苏联。苏联中央与地方事权的划分，在宪法中有明白的规定，但其划分方式又与美、加、德三国不同。即：中央与各联邦政府的事权都是列举的，除此之外，尚有共同行使的事权。但此种共同行使权又和德国、加拿大的共同权迥异。其所采方法，即由中央和地方政府中各自设立一机关，这种机关在中央称为全苏人民XX委员会，在各邦则因地域而命名。邦政府的人民委员会由人民选举而产生，但关于共同事项者则须由中央委派。苏联以这样的方式执行共同事务，的确是别具一格。

（五）英国。英国地方政府的事权是列举的，除规定的事项外，其他不能过问。法国地方政府的事权是概括的，凡属地方应办的事皆可办。表面看来，似觉英国地方政府的事权还不及法国的大，但是实际不然。法国中央政府对地方政府的控制干涉甚严，地方政府虽然无（论）一切事都可办，但任何事都必须先得中央政府核准方能施行，所以事实上英国地方政府的事权大于法国。

我们以世界几个代表国家划分事权的情形加以比较研究之后，现在可以触到本题，讨论我国本身的问题。

三、民国以来此问题在我国之经过情形

我国在辛亥以前是一个单一国家，一切权力集中于帝王之手，民国成立后，关于权力的划分发生了争执。辛亥革命本来是各省都督联合推翻清室所造成的成功，革命成功，组织临时国会，代表全是各省都督自行派来，于是遂有人以为中国很可以实行联邦制度，这种主张全不顾及中外国情的不同。美国独立革命时，各州事实上已是一主权国，中国则在未革命以前早已是一个国家，辛亥革命不过是政权转移的革命而已，和美国迥然不同。

当时国内政见纷歧,进步党主张中央集权,国民党则主张地方分权,以为防止袁氏称帝的牵制手段,迨制宪时,袁世凯即将各省督军权利收回中央,到了他的党羽遍布各省后,乃又主张尊重地方权力,熊希龄组阁主张废省改道,削除各省军阀势力,被袁所反对。后来袁因称帝失败倒台,国会复活,遂又重新讨论制宪问题,国民党提出省制方案,列入宪法,为各党所反对,当时军阀都拥护进步党的主张,各省纷纷独立,国会又遭解散。从此军阀混战连年不休,国民党无可奈何,军阀或主张集权或主张分权,众论纷纭,莫衷一是,其实无一不是为自身利益打算,如民国九年(1920年)的联省自治,十一年的分治合作,主张打破省区,另行划分,诸如此类,皆不过各为其而私已。

四、中山先生的均权学说

民国十一年(1922年)中山先生在新闻报上发表一文,题为《中华民国建国基础》,对均权学说有详尽的阐释,这篇文章归纳下来,要点有三:(一)所(谓)"均"并非"势均力敌"之均,亦非"平均分配"之均,而是使中央与地方能力得一合理的分配之谓,以英语释之,既非 Balance of power,亦非 Equality,而是 Fair and power distribution;(二)划分中央与地方的事权,不应以中央政府与地方政府为对象,而应先以事为对象,事之有全国性者划归中央,事之应有因地制宜者划归地方;(三)所谓地方政府乃指县而不指省,换言之,即划分中央县之事权,将来省的地位,不过是一联络机关,代表中央监督地方自治而已,其本身并无自治权之可言。中山先生之所以提出这样主张,竭力抑低省的地位，其目的完全在借此对各省割据称雄的军阀予以当头之一棒。国府成立后，训政时期约法用使容纳了中山先生的均权主张，但并未加以详细的规定。民国二十一年（1932年）中央举行四届三中全会时，蒋、汪曾联名发表"齐电"①，提出"中央地方权责划分纲领方案"，经大会通过，后交中政会拟定办法由国府明令公布。划分权责的办法在此方案中有详细规定，但因事实上的困难，终未实行，自抗战军与以迄今日为止，这问题终没有获得适当的解决。以目前情形而论，今日的地方政府仅为一官治政府，即纯粹是一个中央政府的代表机关，而非自治政府，官吏须由中央任命，省府与市府组织法的事权都采列举式，除明白列举的事项外，不能办理，中央可随时以法律变更或限制省府的职权，使其缩小到最小限度，这是目前中国中央地方权责划分的情形。

五、将来解决此问题的途径

我国将来抗战结束后，如依建国方略实行宪政，则中央与地方的权责必须重加调整，权责的划分无论采取任何方式，皆应以统一为前提，依《五五宪草》的规定，省地方制度以法律规定，由此可以断定中国将来是采取单一制度，兹将个人对于本问题的管见申述如下：

（一）中国区域广大，除内地各省外，还有边疆各省，与内

---

① 此系韵目代日，齐日即8日，应指12月8日。本文原作"民国二十三年"，应是"民国二十一年"之误排。——编者注

部各省情形不同，如采行单一国制度，则是否适合国情，大成问题。因此，个人的意见以为应以单一制与联邦制同时采用较为适宜，边疆各省的权责由宪法规定，内部行省则采单一制，以法律规定其权责。这种办法，可以扩大外蒙诸省的权利，并提高其地位，更足以促进其向心力，加强全国政治团结。

（二）对于规定中央政府和地方政府的权责问题，事关重大，必须加以详细的研究，不可率而从事，有表面似属于中央而实应属于地方者，也有似应属地方而实际应归中央者，诸如此类的问题，非经详密考虑不为功。

（三）中国将来实行宪政必须培养地方自治的基础，有人以为这样一来，则中央政府的权力势将大为缩小。其实大谬不然，须知今日世界政制有两种主要趋势，一为自治政府的能力日渐扩大，一为中央政府对自治政府的监督权也随之扩大。自治政府的权力乃发源于中央政府，而非本身所固有，中央对地方最主要的权力为监督权。因此，地方政府的自治权扩大后，中央政府的监督权亦随之扩大。

以上三点是个人的管见，将来我国解决中央地方权责划分问题时，究将采取什么途径，虽尚难断言，但认识了以上各节，便不难思过半了。

录自《云南省政府演讲集》（中册），昆明市档案馆藏

为庆祝中英美新约献词

废历年节,在我国人的生活中,本是具有一个重大意象和最快乐的日子。数千年习俗相互沿,至今未改。本年复逢英、美与我国成立新约,政府明令借此机会扩大庆祝,故意义更来得重大,也更增加了我们的喜悦。

为什么新约值得我们庆祝呢?一则因为我们从此已解除了百年所受不平等条约的束缚,而在国际上获得了平等和自由的地位;二则这是英、美履行《大西洋宪章》的诚意表示,已创设了世界新秩序的端倪,而奠定了战后正义与和平的基石。质言之,新约不仅是中华民国命运的转折点,同时也是人类幸福的曙光,我们能不① 为之欢欣鼓舞!

不过我们不要忘了,新约是我们经过数十年奋斗的结果,是若干千万同胞血肉的代价,并非是一种偶然的或意外的收获。英、美的好意,我们固然感激,但是我们不要把新约当作恩赐。新约成立后,我们抗战建国的工作必愈形顺利,然而前途荆棘尚多,我们不能因此就可高枕无忧。我们需要(与)盟国加紧合作,更需要友邦对我们予以较多的援助,但同时,尚需自力更生,负起我们所应负的责任,方能反守为攻,以澈[彻]底摧毁敌人的

---

① 原文如此,"以"疑是"不"字之误。——编者注

武力,而促和平早日实现。我们要提高我们的政治、经济和文化的水准,才配得上与各先进国家谈平等、谈互惠。大同虽是我们的理想,但弱者终难逃出天演淘汰的铁则。我国将来在亚洲和太平洋纵不想以领导的地位自居,扶助弱小民族却是我们的义务。至少我们也应该使自己的国家走向现代化的大道,而为亚洲其他民族树立起一个好的(榜)样。

所以我们在举行庆祝的时候,情绪不妨热烈,脑筋却须冷静。仅是形式上的表彰尚嫌不够,还需在精神上有所激励。可说庆祝是我们努力的开始,而不是我们工作的告终。①

发表于《云南周报》第 7 期,1943 年 2 月 10 日

---

① 该文刊于该期头版中心框内,因版面限制,排印时疑似作了删节,以致文句不甚完整,且有若干缺字。——编者注

关于整理本市房捐的意见

以本市将来所处的地位和所具备的天然条件，很可以建设而成为一个国内外著名的现代都市，这是毫无疑问的。欲达此目的，不仅要有周密的规划和一定的步骤，而且要有充足的经费。至于经费从何而来，倒是一个极费斟酌的问题。最理想的办法，莫若发行市政公债，但在目前，此着或难实现，即开征新税，恐亦非易事。故只有从整顿原有的税收着手。房捐既为本市主要税源之一，近数年来，房产地价均已高涨至数十倍，而房捐仍因旧惯，且有许多房主根本不纳房捐者，于情于理，均不应然。今罗市长①毅然宣布整理房捐，实为本市市政改革之先声，希望每一市民都热诚拥护是项政策，以期贯澈［彻］。

至于房捐应如何整理，想市府已定有妥善办法，但在办法未实施之前，作者愿就一得之愚，提出几点意见，以供当局参考。

第一是如何确定房捐的标准问题。普通所采用的标准不外两种，一即按房产本身的价值课捐，二则按租价征税。前者为美制，后者为英制。两制相较，以后者较为简编而易实行。因为房

---

① 即罗佩荣，云南澄江人，国立北京大学政治系毕业，历任云南军政部总长、民政长、国民革命军第38军政治部党务科长、云南省民政厅秘书、教育厅秘书、禄丰县县长、曲靖县县长等职，1942年12月—1945年10月任昆明市市长。

屋的构造各不相同，价值亦因所处的地位而异，欲求得一公平而正确的估价，虽非不可能，而困难殊多。若以租价为标准，凡出租之房屋，因可直接照实际租价的高低而定捐额。即自住之房屋，依其间数之多寡大小、内部设施之优劣及环境之好坏，估计可得之租价，比较估计其本身所值价格容易多了。

第二为对于铺房与住宅，或自住与出租，课捐应否有所轩轾的问题。普通铺房的租价似较住宅的租价为高，若以租价为课税的标准，则铺房的担负即随之较重，此外不应再加区别。而且有若干房屋既为铺面又作住家之用者，应归何类，亦难决定。无论铺房或住宅出租，在房主则有收入，自住则无收入，照理于课捐时应有轻重之分。不过这样恐难免不无流弊，因房主可与房客串通，认房客为亲友，不说出租而曰暂时借住，稽考已难。若一房屋有一部分自住，一部分租人，更易于蒙混。即便可查明，定捐之手续，亦至繁琐。实际自住与出租之房屋，所享受市政建设之利益和市政之保护是一律的，故纳税的义务不应有所差异。

第三为房捐的负担应如何适当分配的问题，（因）为无论任何捐税，应求担负公平，依能力纳税为最公平之原则，普通所采用的单一百分比的税率，实不合此原则。譬如一家穷苦的市民，所有的房产仅值一千元，另有一富翁的房产价值百万元。设使一律按百分之五征房捐，前者须纳捐五十元，后者须纳捐五万元。在表面上似很公平，实际上，五万元对于拥有百万房产的富翁尚嫌微乎其微，但穷苦市民要拿出五十元，就觉担负太重了。所以要使担负相等，应规定一最低房租，在此最低房租之房屋，一律免捐，超过此限谈［额］者，则采累进率。即租价愈高者，房捐愈重。这样并可发生两种附作用：一即使房主不至任意提高房租，因为提高房租在他并无好处；二则足以防止房主将房捐转嫁于租户。理由亦至明显：普通房捐在名义上虽由房主担负，实际上房主将租金稍稍增加，房捐即落于租户的身上了。倘房捐随租金而累进，房东何必出此下行！

最后，我们不得不提到的问题，就是如何方能使新定的办法得到有效的推行？本市政府前此已订有公租约，唯过去管理公租约的人对于登记手续并不认真，而房主与租户亦往往自订私约而不用公约者。今后应规定一律采用公约，私约概作无效。租金数额应于公约中据实填报，凡有以多报少者，一经查出，房主与租户双方均须受罚。如此，按租金课捐，手续即称简便。至于自住之房屋，则按当时一般之租价高低而估计，一般租价随时有涨落，此项房租之标准亦必随之而伸缩。市府不仅应设专任人员以负估价之责，且须聘用公正且具有声望之市民若干人组织一"估价审议委员会"，凡房主认为估价员有不公平的地方，可向此委员会提出抗议并请求复查。最紧要的，房捐既经整理后，凡在本市置有房产者，即应照章纳捐。市府于收捐时，亦应不畏强权、不徇私情。而有权位的房主，更应踊跃输捐，以为一般市民倡。唯如此，法令始可贯澈［彻］，市府财源始可充实，而市政建设亦始有希望。

上述几点，乃系一时想到，是否有当，尚望贤达指教！

发表于《云南周报》第12—13期，1943年3月17日、3月24日

吏治与民主

政府的功能，骤视之，似甚繁复，但扼要地说，政府的基本功能不外乎两种：（一）表达国家的意志；（二）执行国家的意志。前者属于立法的范围，后者则属于行政的范围，合两者即为广义的政治，故国父对"政治"二字的解释是："政是众人之事，治是管理，管理众人之事，即为政治。"晚近欧美有许多学者，也有把国家立法的部分（即国家意志的表达）看作政治，以使行政脱离政党政治的恶劣影响。

国家意志的表达，已因时代而变迁。在神权时代，民智未开，统治者利用民众畏惧神祇的心理，遂假借神祇的威力以使民众服从他个人的意志；迨至君权时代，统治者有时虽仍不免讬庇神权以为治，然已公开的视国家为其私产，把个人的意志当作国家的意志，故法王路易十四曾有"朕即国家"的豪语；到了近代，因科学进步，民智渐开，一般人对于神权固已失却信仰，面对于专制的君权，更不甘受压迫，故各国均纷纷发生革命运动，将神权、君权的政体一一推翻，而建立民主制度。民主制度虽有各种不同的形式，但其要义无非是以国家的政权属于全体民众，而不让任何个人或少数人来专权。换言之，在民主制度之下，政府不过是国家的代理机关，官吏亦只是人民的公仆，政府的施政方针（即立法），固须以民意为依归，而官吏于执行政府的方针时（即行政），亦须受人民的监督。然而，民意如何得以充分的表现，人民对政府的措施又如何作有效的监督？这却是民主政治实施上最感困难而迄今各国仍未得到圆满解决的问题了。国父认为各国现行的民主政治类多为代议制，流弊太多，实不足以达到上述两项目的，故主张人民应直接行使四种政权。即除普通的选举权外，尚须有罢免权、创制权及复决权。让人民有此四权，才可使"全民政治"得以实现，而符合①真正民主的要求。固然，依照遗教的要旨，四种直接民权的行使只限于县自治的范围，在中央方面仍须由国民代表大会行使之，略谓此为间接的民主亦未始不可。况且我国现况之下，直接民权即在县自治的范围内行使，恐怕也要遭遇很多的困难。不过，全民政治却不失为一种最高的理想，而我国将来于实施宪政后所推行的政治，必为比较更新而更完备的民主制度，实无可置疑的了。

但是，民主政治，无论是间接的还是直接的，充其极不过只能做到人民能管理政府而已。至于国家的事务，决不能由人民来直接管理，这种管理国家事务的职责，就须委托政府来担任。所以，国父不仅提倡人民要有四种政权用以管理政府，同时并主张政府要具有五种治权，俾得造成万能的政府，以治理国家的一切事务。这种权、能分开的理念，实是鉴于以往英、美等国于初行民主政治所铸成的错误和适应现代国家的需要所创造出来的。其中的道理，在其遗教中已说得很透彻，于此无须赘述。要而言之，英、美各国的人民，因久受专制的压迫，民主革命成功以后，深恐政府的权力过大，复流于专制，故在宪法中对于政府的

---

① 原文为"合符"，应是"符合"之倒序。——编者注

权力无不加以严密的限制，以确保其新近获得的自由。直视政府为一种"必需的妖魔"（Necessary Evil）[①]而已。同时，因当时工业革命尚未发展，一般学者皆认为自由竞争为国家经济进步的必要条件，于是"放任政策"应运而生。所谓"放任政策"者，就是认为政府不要亦不必对人民的这种自由竞争妄加干涉或管制的意思。

上述两种心理所造成的结果，自然而然就使得政府流于无权又无能的地位了。嗣后复因政党政治的形成，"分赃"之风极盛一时，政府的官吏也大批地随政党的进退而更换，吏治日趋腐败，政府的行政效率因之更形低落，不言而喻。此种状态，在简单的社会里尚可敷衍下去，但后来因工业革命的进展，社会的组织日趋复杂，人民的需求日益增加，同时又因自由竞争所产生的资本主义，不仅使国家的生产、分配不能融合，且造成贫富悬殊和劳资冲突的现象。国内如此，而在国际间，各国复因资本主义的发展，互相争取原料与制成品推销的市场，便时常在备战或应战之中。至此，欲以脆弱无能的政府，对国内或国际严重局面，自难再应付裕如。有些国家如德、意、日等，因此对民主政治失了信心，不惜将其全部或局部抛弃，而代以较昨日君权更专制的独裁政体，这固然是一种因噎废食、铤而走险的办法，不足效法。就是英、美等国，虽极力维持民主政治，亦不得不扩张政府的组织并提高政府的行政效率，俾得处理因实施管制政策和举办社会公共事业所新增的任务。它们一方面调整政府的行政机构，同时对于吏治亦力求革新，而后者的成效尤为重要，因为"徒法

[①] 应译为"必要的恶"。——编者注

不足以自行"，行政机构纵臻至若何完善的地步，苟人事不臧，亦是枉然，故欧美政府今日能发挥它们最高的效率，实可完全归功于其吏治的革新。

不过，国父觉得英、美革新吏治的方法，仍有未甚澈［彻］底的地方。第一，欲吏治昌明，最根本的问题莫过于政府如何拔擢真才，而委以适当的职务。司马光曾说："为政之要，首在得人，百官称职，万务咸治。"可见我国古人亦早见及此。政府要选任真才，最客观的标准当然要推考试的办法了。英、美虽已采行考试制度，但是它们的考试权仍归属行政权之下，易为少数人所操纵，有失公允。而且其考试的范围仅限于下级官吏（即事务官）而不及于高级官吏（即政务官），又未免失之偏狭。故国父主张把考试权应由行政权中剔出而使之成为另一政府的独立治权，并扩大其范围，使全国的一切委任官和候选官必须经过考试，以定其资格。其次，政府既有完备的考试制度，可使事得其人，但官吏是否人人都能奉公守法，而不至营私舞弊，却又是一个问题。故于考试之外，不可不有一个机关专司纠察弹劾之责。此种责任在各国均归议会行使，其流弊即在各议员每用政治关系，"擅用此权，挟制行政机关，使它俯首听命，因此常常成为议院专制"。无形中行政效率受其影响匪浅。再者，各国议会所能行使的弹劾监督权亦只及于政务官，而事务（官）则可逍遥法外，殊非所宜。因此，国父主张将此种权的范围也要扩大并使之成为政府独立治权之一，即监督权是也。他一方面发挥固有之古制，一方面参考各国政制之得失，而创立五权宪法的理论，此实其独到之处。

综上所述，可知五权宪法的要旨，一在将权能分开，使人民

吏治与民主

有四权以管理政府,一在造成万能的政府以管理国事;二为使政府发挥他的万能起见,遂于各国政府所有立法、行政、司法三种治权外,再添上考试和监察两种治权。然而这两种所添的治权,均是对吏治而设,足见吏治问题在五种宪法中应占若何重要的地位了。要言之,我国欲求五权宪法之实现,必须先以革新吏治为。蒿[嚆]矢,亦唯待吏治上了轨道,政府始能发挥它最大的能力。政府有了能力,民主政治才不至于显得空虚脆弱。美国名教授孟洛先生曾说:"民主与行政效率能互相配合,即为优良政府最好的测验。"此与国父所提倡的权能调和的学说,确是异曲而同工。

发表于《中央日报》(昆明版) 1944 年 3 月 9 日第 2 版

苏日中立条约的前因后果

日本原是发动侵略战争的罪魁，苏联一向以反帝国主义的扩张自任，彼此竟于1941年风气紧急的时候签订《中立条约》，似乎已很牢强。其后，德国突然进攻苏联，日本旋又偷袭珍珠港，掀起太平洋的烽火。自此，侵略、反侵略的阵营更加分明，欧亚战争已打成一片，日本既是轴心伙伴，苏联则成为盟军的重要一员，彼此虽未直接交锋，却已同为交战国并已处于敌对的地位，但两国在表面仍强作笑颜，维持中立关系至数年之久。此不仅在这次战争中造成一种微妙而特殊的现象，即在历史上亦难找出前例，无怪乎以前大家曾为之有不少的推测与疑虑。日前，苏联忽然又霹雳一声，由外长莫洛托夫以严词责难的口吻，函知日驻苏大使佐藤，废除两国的《中立条约》。暧昧的关系至此而得明朗化，倭国因而陷于极度惶悚的状态，各盟邦则为之欢欣鼓舞。不过，我们若以现实外交的眼光来观察，这一连串的演变，不外乎两个主权的国家利害和客观的国际形势所促成，实无足惊奇。

苏、日签订《中立条约》，系在欧战尚未爆发之前，而在轴心集团业已成立之后。当时不特各民主国尚未能团结一致，而且美国的孤立派犹占优势。苏联明知英、法的实力不足恃，其自身虽因两个五年计划的进展，生产力已较前大增，然在国防和军事上的准备犹嫌不甚充分，不特一旦倘须东、西两面作战，有

苏日中立条约的前因后果

首尾难以兼顾之势,即以之抵抗德国单独之突击,亦尚无制胜的把握。均不得不暂时与轴心国家谋求妥协,以图转移其视线。此所以不惜一方面与德国成立《互不侵犯协定》,以缓和希特勒的威胁,同时与倭国定立《中立条约》,以减东顾之忧。何以至是倭国亦愿意就范呢?要知向外扩张势力本是其明治维新后一贯的国策,但究向何方扩张,其国内则分北进与南进两派的主张。当苏联正在进行革命时期,日、美国军进入西伯利亚,日或即已存长久占驻的野心,然卒以美国的异[诉]求未得如愿以①偿。嗣后日军因发动对我国的侵略战争,不特未能实现其速战速决的梦想,反而弄得泥足愈陷愈深。同时,苏联局势已日形稳固,而对于远东防务亦逐渐加强,日军遂不敢冒险轻敌。况倭国所最感缺乏者为资源,西伯利亚一带虽不无蕴藏可资开发,然究属荒漠之地,开发匪易。倭军纵可不顾牺牲以夺取之,所得亦未必能偿所失,自不如以南进为得策。因为南洋群岛既有丰富的资源,且知英、美在此方面毫无准备,只要以偷袭、暗算的卑劣手段,便可长驱直入,一俟囊括其南太平洋于其势力范围以内,即不难封锁我国,以待其受窒息而自行崩溃。故倭国缔结《中立条约》,一方面希望苏联不至支持英、美阻挠其南进的行动,同时又可用以离间中、苏的感情,此在倭军阀们的脑筋中亦未始不是一种如意算盘。

迨后希特勒既然转戈进攻苏联,倭军阀亦不惜与美为敌,苏、日《中立条约》早已失其意义,此时苏联如欲毁约,当不无充分的理由。但在欧战初期,希特勒凶焰万丈,所向披靡,苏

---

① 原文"偿"之前有"以俄"两字,应是"以"字之误排,已更正。——编者注

京亦几难保，苏联自然要力求避免与日反目，俾不至陷于腹背受敌之险境。嗣后，虽由稳定而反击，转败为胜，逐渐收复失土，然在希特勒之势力未得全面肃清以前，亦不敢轻易在远东另辟战场。不得已，只好对日虚与委蛇，维持其中立义务，此其处境，当为其他盟国所谅解。最怪者，当德军最初对苏联发动攻势之初，倭国既未予以声援，及其进逼苏联的时候，苏联已岌岌可危，倭军亦未乘机进攻西伯利亚以收夹击之效，殊令人费解。然其所以未出此一着［招］者，亦未必无因。一则是苏联即当西线万分吃紧的时候，其对是［于］远东防务并未丝毫松懈，致使日寇无隙可入；二是日寇初见德军锐不可当，相信德国定可独力击败苏联，等到苏联濒于崩溃的刹那，然后出来打死老虎，亦不为晚。后来欧战局势的急速转变，实非倭军阀意料所及。更有进者，轴心国的团结原不过东西呼应、互相利用，并无共同的利害，缺乏一致的战略。故他们虽狼狈为奸，却是同床异梦。倭寇既决意南进，自不愿再分散其精力，且在太平洋战争之初期，因英、美猝不及防，倭军几有战无不捷、攻无不克之势，于是得意忘形，以为英、美既不足为患，将来对付苏联，必非难事。其后，更因占领区域扩大，战线拉长，而中国抗战依然进行，其军力即随之分散。加以从事巩固占领区域的防务，开发掠夺的资源，在在均使其无喘息的机会，再无暇北顾。何况苏联在西线的形势又日形好转，更使倭寇不敢轻举妄动，倒不如顺水撑舟，向苏联暗送秋波，以示讨好。如此，不特可使苏联不便彰明皎著的［地］在军事上协助中、英、美各盟国，予以不利，且或为藉以施展其离间挑拨的伎俩。由此，足见苏、倭能再维持中立关系至数年之久者，并未出自双方的诚意，实因各有隐衷在。

苏日中立条约的前因后果

　　时至今日，欧亚战局均已改观，盟国大军已自东、西两面攻入德国腹地而向其心脏柏林疾进，纳粹的总倾覆为期已不在远。而美国自在太平洋实行反攻以后，越岛袭击，进展神速，现美强大军力已登陆琉球，因此接近中国海岸，直迫倭本土。倭海军经数次惨败后，几已失其作用，其空军所表现的力量亦至为薄弱。所可言者，唯其陆军尚称完整，尤其是素称精锐的日寇的关东军，至今大部分尚留置于我国东北未动，然以美军可随时在其本土或我国海岸登陆，倭军最多只能作困兽猛斗的防御战，决不至再为苏联的大敌。故苏联认为毁约的时机也已成熟，无所顾忌，竟毅然出之。无疑地，苏、倭《中立条约》的废除，不但要改变苏、倭两国的关系，且将对整个远东局势发生重大的影响，这个影响可分军事及政治两方面论断之。

　　苏、倭《中立条约》的有效时间虽尚剩一年，然在莫洛托夫于声明废约时对佐藤所用的外交辞令观之，实无异于一种"哀的美敦书"。今后苏联可随时根据同样的理由，解除其中立义务，对日宣战。而且，因旧金山会议举行在即，苏联或不待欧战结束即对日采取行动，乃属意中事。或许一俟琉球岛争夺战告一段落后，苏联便有所举动，以配合美军在倭本土或中国海岸登陆，更是可能。倘一旦苏联参加远东战争，不仅其陆军可直捣倭军在东北之老巢，而其驻屯海参崴的海军——尤其是潜艇，亦可发挥相当的效力。因为美军在琉球登陆成功后，不特供［使］倭本土与南洋各岛屿之交通完全断绝，并可控制中国海岸的全部。则此后倭国唯倚恃由其本土通往朝鲜的航线以接济其在亚洲大陆各部分的军队，而其自大陆运入本土的物资，亦只能靠此一线。若果苏联的海军自海参威［崴］出发，与以琉球为基地的美舰队取得联络，即不难将此线切断，由此倭本土固完全陷于封锁状态，即其驻中国大陆的军队亦将孤立无援。至于在空军方面，除苏联本身的空军可直接对倭军予以无情的打击外，同时美空军亦可利用西伯利亚的基地，与硫磺岛及琉球岛为犄角，来回穿梭轰炸，更可加速彻底摧毁日本土及其在满洲、朝鲜一带的军事设备和军需生产。不过，于此我要提醒大家的一点，就是这次倭国新成立的内阁，包括许多在亚洲大陆军事上具有丰富经验的人物，它对我国显然无求和意，而确实具有决战内阁的性质。它在表面上虽仍装做［作］苦脸笑颜，向苏联发出哀鸣。但是如果我们不是善忘的话，日本偷袭珍珠港的时候，它的特使来栖正在华府与美国国务卿赫尔谈判和平。它既明明知道苏联早晚要对它下手，与其坐着等待挨打，自不如先发制人，以争取主动。它的海军虽已残破不全，不足与美舰队为敌，然勉强凑合，以之偷袭海参威［崴］，或尚可胜任。同时，在陆地上，它或许也不惜把它的关东军作孤注一掷，以图一逞。这种铤而走险的做法，其结果当不免仍蹈去年希特勒在比境对盟军所发动最后一次反攻的覆辙，只是一种回光返照，不特不足扭转其败亡的命运，甚至更可加速其崩溃。总而言之，苏、日《中立条约》废止后，两国无形中已入于敌对状态，正式交锋已是时间问题。无论主动归于何方，盟国均属有利，至少可使远东的战争提前结束，盖毫无疑义。

再从政治的观点而论，苏联的国土原跨欧亚两洲，此次战争不仅已使苏联在欧洲成为主导的国家，而战后远东问题的解决，亦在在为其所关切。如苏联对日仍继续维持中立关系，则在旧金山会议讨论远东问题时，尤其对于日本应如何处置的问题，势必无法表示其态度。故苏联于此时声明废约，一则可使其参加会议获得许多方便，同时并可籍以提高其发言权。其次，苏联《中立条约》废除后，不仅同盟间的团结已消除最后一层障碍，在对日的军事上可博得更（进）一步的合作，而且使中、苏从此"共处一堂"，两国间过去因条约所引起的各种误会及隔核[阂]，亦不难随之涣然冰释。惜我国内内部至今尚未团结，苏联参加远东战争后，我国东北以至于华北（一）带将变成主要战场。我们可相信苏联决无意干涉我国内政，更不至对我国存有任何领土野心，不过，我国内部的团结是否将受到相当的影响，殊难预料。再者，中、苏两个原为比邻，前此因彼此的国情不同，邦交未能达到我们理想的境界，却是不可讳言的事实。今则因战争的扩展以至于战争结束后，中、苏将同在亚洲处于领导的地位，两国的利益愈形相近，唯有彼此能融洽相处，开诚相见，始能奠定远东以至于全世界的和平基础。尤其对于日本、朝鲜以及（外）[1]蒙古在战后的地位，两国更应在事前谋得协调，敦仁善邻，为我国的传统精神，然如何增进中苏邦交，犹望我国当局及时积极努力，以应付未来的远东新局面。

（《扫荡报》编者识：朱驭欧先生此稿原约定为本周"星期论文"，应于 15 日刊出，应当日收到过晚不及付排，而下周"星期论文"为讨论旧金山会议者，故将朱先生稿改于今日刊登，谨此声明，并向作者致歉。）

发表于《扫荡报》（昆明）1945 年 4 月 19 日第 3 版

---

[1] 原文为"朝鲜及蒙古"，但揣摩文意，此处"蒙古"应指外蒙古，而非包含内蒙古的"蒙古"。——编者注

由个体安全到集体安全

此次各联合国①在美国伟大的前罗斯福总统领导之下②，不仅彼此消除一切歧异，精诚合作，团结无间，努力以争取胜利。而且在战争进行中，即互相商讨，着手草拟和平计划，以期于战争结束前奠定和平的基础。较之在上次欧战期中，各协约国暗中签订密约，实行对德、奥殖民地分赃的做法，诚然有长足进步的地方。虽不幸罗斯福总统不及亲睹联合国最后胜利的来临，并主持战后世界和平的建立，即遽尔逝世，然各联合国并不因巨星殒落而改变初衷，仍能继承其遗志，如期举行旧金山会议，更是值得吾人欣然的一点。自会议开始迄今，虽因种种问题接踵而至，已引起不少的风波，而以后争执恐更所难免，大家对于会议的前途，不免颇抱担忧，尤其对于波兰问题的僵化，愈为焦虑。然就大体而言，此次会议进行尚称顺利，而各项枝节问题，自亦不难逐渐求得妥协解决的途径。故无论如何③，料想会议决不至完全流产。所（以）言者，此次会议的主要目的仅在根据敦巴顿橡树

---

① 意指与世界反法西斯战争中的同盟国，而非今日语义上的联合国（United Nations）。——编者注
② 原文为"前在……故罗斯福总统领导之下"，疑误，"前"似应在"故"字前，已更正。——编者注
③ 原文误为"知可"，已更正。——编者注

会议的建议，制定和平宪章，藉以产生战后国际集体安全和国际合作机构，而并不从事讨论。因此，战争所引起的各项政治和经济问题，其性质显然与会商结束战争的和平会议又不相同。纵今会议能得圆满闭幕，其成就最多亦不过制定较前次国联盟（条）约更为动听的宪章，并树立较前次国联更为健全的机构而已。至于此项宪章将来是否为各国所遵守，此项机构将来能否发挥作用，还要看各联合国——尤其几个主要国的国家——是否因深切体念由这次战争所得来的教训，真已彻底觉悟，愿意完全放弃以其本国利益和安全为前提的传统观念，开诚相见，互助互信，进而以谋促进全人类的安全和幸福。此一基本观念若不改变，则任何宪章、任何机构，亦不能保障国际的永久和平。

人类本具有两种矛盾的天性：一是自私，一是合群。其实这两种天性都发生于同一动机，也可说要达到一个目的，那就是求生存。因为人类是自私的，所以每个人往往只图满足自己的生存欲望，而不顾及他人的生存权利，如果人人任自私的天性自由发展，则彼此之间就不免时常发生互相侵越和掠夺的行为，而造成弱肉强食、优胜劣败的局面。结果当然是适者生存，不适者灭亡，此为达尔文的天演论所由起。不过人类不仅是有理智而且是有情感的动物，一个人明知单靠其自身有限的体力和智力，一则不易满足其生存的需要，二则也不能使其生存获得绝对的保障，故不得不抑制其自私，以与他人分工合作，而求共存共荣。况且个人纵能独立生存，然在精神上无所依附，亦就会感觉生活的空虚与寂寞，此所以人类开始即为有组织而惯于群居的高等动物。因为人类文明的进步，其所需要分工合作的范围愈来愈广，其组织即随之逐渐扩大，由家庭而部落，由部落而封建，由封建而现阶段所谓的民主国家。目前，大家虽然认为民族国家为人类的最高政治组织，然根据人类进化历史的自然演变，一俟各民族国家成［或］其中的大多数都能确切明了互助合作的必要，自愿捐弃其成见，则国际组织的建设，大同世界的实现，不只是一种理想，却属于可能的事体。

虽然，人类的自私并不因群居和组织的生活完全消除，相反地，个人的自私往往由组织而扩展为团体的自私。故人类社会中个人与个人间的摩擦冲突固所难免，而团体与团体间的明争暗斗，更无时或息。人类社会就充满了这种矛盾的现象，但是人类既有群居的趋向、分工合作的需求，各人除自动抑制其自私外，尚不能不有共同一致遵守的行为准则，以防止互相侵越而维持社会的秩序，此道德和正义的观念之所由生。然而，所谓道德和正义对于人们行为的约束只限于舆论的制裁，一遇有横蛮无理、悍然破坏社会的秩序的分子，舆论的制裁即无望发生效用，因此人类自有组织以后即同意承认（并）推举一人或一部分人成立政府而赋予权力，使之负责根据道德和正义的观念，将若干行为准则确定为法律，强迫各人服从。人类的政治组织虽有由小而大的趋势，然至今人类的结合仍有区域性，因此世界上就成为列国并立的局面。各国发展的秩序容有不同，但一国之所以成为国家，必须具有确定法律和执行法律的权力，则无二致。此种权力，即所谓主权。现代的学者对于主权解释，虽聚讼纷纭，然有一点似乎为大家所公认的，即主权既为国家最高的权力，对内固有强制服从性，对外则不受任何其他权力的限制。因此，每一国家在国际上就视为自己行为的决定与制裁者，其行为在事实上虽然要受条约及国际会议所作若干决议的约束，但一国是否接受此种约束，仍出于自愿，并非强迫而然者。盾［质］言之，自平等提倡①以后，国际公法虽已逐渐发展，然到现在为止，各国犹固执主权无限的学说。所谓国际公法，仍不过是各国所共同承认的道德行为的准则而已，其对于各国的约束力，亦只全靠国际舆论为后盾。一至任何国家不顾国际舆论的制裁而悍然为所欲为，就无可显见。故前此日本在满洲发动侵犯以及意大利对阿比西尼亚②进攻的时候的犹言系出于"自卫"，即是明显的例子。

先［更］有进者，自各民族国家相继形成以后，因国际间尚无法治制度，人类自私的天性遂得充分地发扬，而造成一种狭隘的国家主义，此种国家主义一方面提倡本国民族的优秀，另一方面则鼓吹每一国民应视保卫国家的生存和发展国家的利益为一种神圣的任务。此固足以促进国内的统一和团结，然法西斯主义和帝国主义即为由此而孕育。尤其自十九世纪以来，因工业革命的结果，各先进国家为了觅取产品的推销市场和资源的控制，就互相争夺殖民地，彼此利益的冲突更加尖锐化，其结果遂酿成上次的世界大战。

美国于参加上次欧战的时候，虽已由威尔逊总统喊出"为民主而战"的口号，而他对人类的幸福确亦具有崇高的理想，惜其所拟和平计划，不特未为其他各国所欣赏，而且未得其本国人民所拥护。巴黎和会因成了英、法、日等所实行分赃的骗局，已埋下此次战争的根苗。而美国为此竟退出国联的组织，更使国联于

---

① 原文"提倡"之后多一"导"字，已删除。——编者注
② 即今埃塞俄比亚，意大利于1935年10月入侵埃塞俄比亚，首都亚的斯亚贝巴于1936年5月5日被意军攻陷，国王海尔·塞拉西一世流亡英国。——编者注

诞生时即受一严重打击。自是以后，世界各列强就无形中分为"有""无"的两种国家。"无"的轴心国家因不满意于现状，固视发动侵略为唯一的出路；而其他"有"的民主国家，因欲维持现状，亦只知处处为其自己的利益着想，事事为本身的安全打算。对于国际合作既无诚意，而于集体安全更无热忱。结果竟使轴心国家得寸进尺，毫无忌惮，以致星星之火，终成燎原。由此足见以前国际联盟之所以失败，吾人与其归咎于盟约条文的缺陷或国联机构的不健全，毋宁说是因为各国并未因国联的成立而摆脱国家主权观念及狭隘国家主义的支配。

总而言之，因科学的进步，交通的发达，地球于无形中日渐缩小，到现在不特在经济上，各国攸[休]戚相关，荣枯一体，已有不可分立之势；即在军事上，现代战争已难限于局部，和平不可分割。而此次战争更已充分证明，任何天然的屏障或地理的优越固不足以确保一国的安全。即一切人为的国防，有如过去各列强在政治上极其纵横比合①的能事，竭力拉拢小国作卫星，或殚精竭虑、深沟高垒、以固迈围，种种做法，到时亦未必能收实效。吾人痛定思痛，应知一国的繁荣决不能建筑于他国人民的穷（苦）之上，而个体的安全，亦惟有从集体安全从中求得。目前参加旧金山会议虽已有四十九国的代表之多，然而会议最后成败的关键以及世界和平的前途却系于几个强大国家的态度。如果它们真能从全人类的幸福和安全着眼，则有力的国际组织自不难产生，而国际合作亦必容易促进。否则，它们如仍蔽于特殊利益和个体安全的成见，而所有举措亦仍免不了以往的一贯作风，纵然

---

① 应为"纵横捭阖"。——编者注

一时为形势所迫,不得不勉强妥协,但一俟时过境迁,即不免因猜忌而生摩擦,由摩擦而起冲突。不特永久的和平无从建立,而人类的前途,实不堪设想!

《正义报》1945年5月13日第2版

国际劳工组织的概况

一、弁言

第一次世界大战结束后，根据凡尔赛条约的规定产生了三个互相关联而不相隶属的重要国际和平机构，即国际联合会、国际法庭和国际劳工组织。迨第二次世界大战爆发，第一种机构随而解体，第二个机构亦无形中停顿，惟国际劳工组织仍得继续维持，而且在战时更形活耀［跃］，一本其为促进社会正义和改良劳工生活而努力的宗旨和目标，积极推进它的工作。曾于1941年及1944年在美国纽约及费城召开大会两次，派代表参加的有三十四国之多。于此两次会中，不仅重申其原有之政策，表示赞助《大西洋宪章》，并确定它在战时工作的方针和战后重建世界和平与安全应有的基础。无疑地，它的行动不仅与每一个国家的劳资双方有着直接而密切的关系，而且是以影响整个世界的和平和每个人的幸福。为使国人对此重要的国际组织的性质得到一种更为明确的概念起见，兹特就其起源及成立经过，组织及行为，以至于其已有之成就，分别略加介绍。

国际劳工组织的概况

二、起源及成立经过

欧洲各国于工业革命之后，大规模生产的工厂制度因而产生。最初一般资本家唯利是图，把劳工只看做一种买卖的商品，于工作时间则尽量延长，于工资则极力压低，并不惜利用童工和女工以图减少生产的成本，可谓苛待榨取无所不用其极。如此不特有违人道，而且有背经济原理。因为工人在这种恶劣的环境之下，不特工作效率锐减，而且因为同被压迫阶级逐渐优[休]①戚相关，互相围[团]结，起而与资本阶级对抗，小之造成社会之不安，大之足以引起国际不睦与战争。故远在十九世纪初，有少数思想比较进步，眼光比较远大的企业家即欲有以纠正之，并认为纠正的方式莫若促进国际合作。例如，英国的欧文氏（Robert Owen）曾于 1818 年以备忘录提交并陈会议（Congress of Aechen）②，建议各国应商定采取一教[致]保护劳工的立法。嗣后，法国的特格兰德氏（Dauiel Le Grond）亦有同样的主张。当时虽音高和寡，然其启迪时代之功，不可磨灭。

迨 1890 年，德国政府亦曾为此问题召集一国际会议，惟除宣布几项原则外，并未有何成就。而实际为后来国际劳工组织奠定一基础者，当推 1900 年因巴黎展览会所引起而在瑞士巴斯尔

---

① 原文为"优"，显然误排。本文原刊错字较多，编校时于错字之后以"[ ]"括注正确的字，错字不再一一注出。——编者注
② 即"亚琛会议"，1818 年罗伯特·欧文代表劳动阶级提出了两份备忘录，第一份提交当时的欧美各国政府，第二份提交神圣同盟的阿亨会议（亚琛会议）。这份备忘录后来收进其所著《理性制度的问答》一书，作为该书的附录。——编者注

149

市（Basle）成立的国际劳工立法协会（International Association for Labour Legislation）。该协会虽得到若干国家的政府予以鼓励和补助，然其组织纯属私人团体的性质，不过它于 1905 年[①]曾召开一专门会议，草拟两项劳工公约：一为有关限制妇女于工厂中做夜工，另一则关于禁止火柴制造工厂使用白磷。此两项公约于次年曾为欧洲举行的外交会议所采纳并经若干国家所批准。至 1913 年该会于召开第二次专门会议时，又通过两种公约草案：一为禁止青年人于工厂中从事夜工，一为提议妇女及青年人每日日间工作不得超过十小时。但准备于 1914 年秋季召集以商讨此两种公约的外交会议，因第一次世界大战爆发，遂致流产。

在第一次大战之前，各国的劳工组织，除开在美、德两国有少数例外，一般对于保护劳工的立法或对合法的机构来解决有关劳工问题和劳资纠纷，都未曾发生很大的兴趣。但一至大战发生后，各国的劳工阶级即无不感觉他们在国防上和国家生命中亦占有极重要的地位。因此，在战争进行中，他们一方面努力以帮助本国赢得胜利，同时却开始要求：一俟战争结束召开和平会议时，他们也应该有权利参加，俾他们于战时所作种种重大的牺牲能够得到补偿。他们这种态度足以反映于 1914 年美国劳工联合会所发表的宣言，以及 1916 年盟约国的职工公会在李枝（Leeds），1917 年中立国和中欧集体国家的职工公会在柏尔因（Berne）和 1918 年盟国社会主义者在伦敦所举行的种种有国

---

① 应该是 1905 年之误，所谓"次年曾为欧洲举行的外交会议所采纳"，指的应该是 1906 年英、德、法、美、西、意、奥、俄、荷、比、葡、瑞（典）和摩洛哥 13 国代表于西班牙阿尔赫西拉斯召开的外交会议，主题是调解法国与德国纷争。——编者注

际性的会议。①

迨 1919 年大战既告结束，和平会议方于巴黎召集之初，各国职工公会即集会于柏尔因，要求制定一劳工宪章并建议将原有的国际劳工立法协会，由私人的团体改为一规模更大的正式国际劳工立法的组织。而巴黎和平会议亦已于前一月（即 1919 年 1 月）开会，首先即通过设立国际劳工立法委员会，以美国劳工领袖桑穆尔·哥姆柏尔氏（Samuel Gompers）为主席②，从事采[探]讨如何采取必要的国际方法，以供各国对于有关雇佣的情况，能有一共同的行动。此委员会曾开会卅五次，历时两月，始拟成一公约，建议设立一永久之国际组织以处理劳工问题。该项公约草案于提交大会后，仅略经修改，即得通过，且大会未及等待全部和约之签字和批准，即于 4 月 29 日先行通过以该委员会报（告）书的第二部分，即作为它自己的宣言，并令将该公约宣言列入和约中，因此后来于"劳工"之名称下成为《凡尔赛条约》第十三篇之第一、二两章。亦即今日国际劳工组织的基本宪章。

三、宗旨和目标，组织和活动③

（甲）宗旨和目标

国际劳工组织成立的经过，既如本刊第三期所述，其所抱宗

---

① 李枝即利兹，英国城市；柏尔因即伯尔尼，瑞士城市。
② 今译塞缪尔·龚帕斯（Samuel Gompers，1850—1924），美国工会运动的领袖长期担任"美国劳工联合会"主席。领导工人为增加工资、缩短工作时间和改善劳动条件而斗争，但他反对激进的工人运动，倡导劳资合作。
③ 原序号为"二"，改正为"三"。——编者注

旨，更可于其宪章总章中窥其梗概。该章列举了两项基本原则，以为其努力之目标：一即是根据社会正义以求获致世界和平，而社会正义之产生必须有赖协助劳工得到公平合理之生活；其二则为改进劳工之工作环境及生活，必须藉国际的合作始能实现，因为任何一国倘不能对劳工采取合乎人道的待遇，即足以阻碍其他各国采取同样的措施，为求达到这两个目标，该宪章的第二部分更提出了下列九项较为具体的原则，以期各国共同遵守并尽速促其实现：

①劳工不应视为商品；

②劳工与雇主只须依合法的宗旨，皆有结社的权利；

③劳工的报酬，应以当时当地所认为足能维持适当生活程度的工资为准则；

④凡未达每日工作八小时，或每周四十八小时的标准者，应以采取此标准为目的；

⑤采用每周二十四小时的休息制，并于可能范围内以星期日为休息日；

⑥废止童工并予青年工人特殊保障，俾能继续就学并能获得体格的适当发展；

⑦男工与女工做同等价值之工作者，应以获得同等工资为原则；

⑧各国法律所规定关于劳工状况之标准，应给合法居住该国境内之一切工人以公平的经济待遇；

⑨各国应设立劳工检查制度，以保证各种保护劳工法令之实行，妇女亦得为劳工检查员。

以上九项，不过为当时各缔约国认为特别重要者，其后随时代之进展，该组织为配合各国之实际情形及劳工之需要，不仅对改良劳工生活所建议之标准提高，且活动范围亦逐渐广。在第二次大战期中，一方面鼓动各同盟国家内的工人努力生产，提高其爱国情节，俾有助于共同胜利的获得；同时对于劳工境况的促进，并未因战争而稍松懈，而于《大西洋宪章》中所作有关改善劳工生活的规定，更加表示热烈的拥护。

迨1944年5月该组织大会于美国费城举行第二十六届年会时，因感于战后重建世界和平时，不仅劳动人民大众能占据重要之地位，而各国及国际间所作一切措施，亦将对此等人民大众未来之生活发生莫大之影响。故特别发表一划时代的宣言，除重申其以往所持各项主张原则外，并强调各国所采国内及国际经济、财政政策与劳工福利有密切的关系。为使此等政策不至违反社会正义起见，该宣言中更提出若干有关战后劳动人民大众充分就业、提高生活水准、集体协议权利之有效承认，工资收益之合理分配，劳工生命与健康之适当保护，及教育与职业之机会均等……的具体计划，而认为今后国际劳工组织的庄严责任，即在如何督促这些计划的实现。

（乙）组织和活动

国际劳工组织不仅悬有崇高的鹄的，而且具备一特殊并有效的机构，足以推进其工作，这个机构包含着下列三个不同功能而互相联系的部分：

（一）国际劳工大会（International Labour Conference），此项大会可说是国际劳工组织的保工立法机关，于必要时得随时召集之。但每年至少必须举行一次，每一会员国得派遣代表四人出席，此四代表须由三方面推定，即政府二人、劳资双方各一人。在会前席上，三方面的代表可就其不同的立场与观点，充分自由的发言和表决,如是不特□寓①民主精神,且使个人对于讨论一般问题时均能超越国籍观念,可说这是该组织成功的最重要的因素。因为大会对解决各项问题所作之决议,既经融合和政、资、劳三方面的意见,则这些决议于各国执行时,自甚得大多数民众之拥护。

大会所作之决议,可分为两种:一种为建议案(Recommendations),另一种则为公约(Convention)。若属于前者,对于各会员国并无若何之约束力,但是各会员国必须得根据是项建议所采取或未采取的行动报告下次大会;若系公约,虽亦不能因其经大会之通过即可到会员国发生拘束力,然每一会员国之应履行两项义务:其一是绝对的,即每一会员国于大会闭会后一年内,或因有特殊情形势不可能时,至迟亦须于十八个月内,将制定之公约提交其本国具有立法权力之立法机关予以批准;其次一项义务则属有条件的,这就是说,假使公约已经上述立法机关同意,该会员国应将该公约之批准正式通知国际劳工组织的理事院,并须采取一切必要之措施以使该公约之规定见诸实效,以后每年亦须将所采一切措施报告大会。不特各会员国对每一既经批准之公约所载条款须同等尊重,且彼此有互相监督、尊重之义务。

国际劳工组织为便于商讨有关区域性之特殊劳工问题起见,除大会外,另有区域性会议的举行。如美洲"国劳"会员国,曾于1936年及1939(年)两年在智利及古巴各举行会议一次,并定于在适当时期内,将于墨西哥举行第三次会议。又美洲各国与1944年在智利举行的第一次美洲社会安全会议,因对劳工问题

---

① 原文漫漶不可识,疑似"暗寓"二字。——编者注

极为重视,亦无异为"国劳"区域性会议的补充机构。此外,在欧洲方面,亦曾于1935及1937年在葡京及奥京举行东欧和西欧各会员国代表会议,讨论有关劳工检查业务问题,而"国劳"大会中亦已屡次提议在亚洲方明[面]应召集同样性质的区域会议。

至于有关特殊工人之问题,尚有"海世会议"之召集,并由船主及海员双方指选代表组织一联合"海世委员会",协助国际劳工局办理有关海世之问题。此委员会于1942年6月在伦敦举行会议时,曾对增进海员在战时之福利和安全措施,通过许多重要提案。又"国劳"组织以若干会员国之经济建筑在农业上,特于1936年成立一"常设农业委员会",俾协助一般农工亦能于"国劳"组织大会中获得其应有的代表权。其他如1937年在华盛顿所举行的世界纺织会议,及1938年在日内瓦举行的世界煤业会议等等,均是证明"国劳"组织对各业劳工之特殊问题,设法于"国劳"大会外,另求解决的途径。

(二)理事院(Governing Body)。理事院为"国劳"大会闭会后的最高执行机关,最初仅有理事二十四人,但自1934年"国劳"组织宪章第七款经修改后,理事即增至三十二人。此三十二人之产生,亦根据政、资、劳三方面合作之原则,以十六席属于政府,资、劳两方各占八席。代表政府之十六席中,八席由主要工业会员国之政府委派,其余八席则由出席大会之会员国政府代表共同推选,然后由当选会员国政府加以委派。至代表资劳之理事,则分别由出席大会之雇主与劳工双方代表互相公推之,理事任期均为三年。理事院之任务为督导国际劳工局之工作,选任该局局长,审核该局拟定之预算,规定国际劳工大会之议程及其议决案之执行,以及处理会员国不遵守其已批准公约之事件等等之其他职［事］务。国际劳工局局长得委任该局一切职员，并指导其工作，但须秉承理事院之意旨，并对其负责。

自第二次欧战[1]发生后，该理事院为应付长期战争所能引起之非常环境起见，曾于1938年10月即召集会议，商讨对策，次年即决定设立一"八人临时委员会"（其中四席属于政府代表，另资、劳两方各占二席），俾于战事期间理事院会议无法召集时，得继续执行其职务，同时并授权该院之负责人于必要时得作权宜之处置。但理事院于1941年10月乘"国劳"大会于纽约举行之际，亦得举行其第九十次会议。

（三）国家劳工局（International Labour Office）——国际劳工局为国际劳工组织之实际执行机关，其地位类似前国际联合会之设有联合国的秘书处，设局长一人，在理事院的监督下总理该局一切事务。该局曾有职员四百余人，系由四十余国甄拔而来，类多为优秀人才，对英、法两国文字均属擅长，其中且有对该会所常应（用）之三十国语言文字亦能运用数种。他们虽属于不同之国籍，然皆能以超然态度对"国劳"组织的工作尽其忠诚，且依据该局之规定不得兼任其本国政府的或局外任何其他工作。因为他们在国际上所处的地位特殊，故于所在国境内亦得享受外交人员的特权。该局原设于日内瓦，嗣因战事关系，遂迁至加拿大之蒙屈维[2]，并得迈基尔大学[3]慨然借予校舍为其临时办公之用。惟迁陡［徙］之后，该局职员除留一部留守日内瓦，另一部分调

---

[1] 即第二次世界大战（The War Ⅱ），因起源于欧洲且主要参战国家为欧洲国家，因此也被称为"欧战"。——编者注

[2] 今译为蒙特利尔，是加拿大第二大都市。——编者注

[3] 迈基尔大学，今译为麦吉尔大学（McGill University）。——编者注

至新办公地点外，其余均予遣散。

至该局之任务，主要的约有下列五端：

①准备理事院及大会议事日程，并执行其决议案；

②从事有关经济社会与工业问题之研究，并接受各国对于有关劳工问题之咨询；

③维持与有关工业及事业团体、机关间之联络，搜集及供给有关劳工之资料；

④增进与各国有关劳工问题之技术合作；

⑤出版各种定期与不定期之刊物。

为辅助推进工作起见，该局设置各种问题研究或咨询委员会，延聘各国专家参加。同时，为便于与各国政府、劳资团体及学术机关取得联系与搜集资料起见，除不时派遣人员赴各国作实地考察外，并在英、美、中国及印度设立分局（原在德、义[①]、日、法亦设有分局，惟大战爆发后，前三国均相继退出国际劳工组织，遂随之取消，法国之分局亦曾受战事影响，停止工作），而于其他各国亦设置通讯员。

该局在协助大会及理事院所有的执行任务固极重要，但其最大的贡献，却在其研究及调查的工作，而不断将研究结果及调查的事实供诸各国政府及人民之参考。该局不特主办许多有定期性的刊物，而且已出版若干种富有价值的专著。此外并已搜集有关劳工、社会及世界和平的书籍约二十万册，此非任何一国政府私力所能及者，故该局实际上已成为今日全世界有关社会问题书报交换之总汇所。

---

① 即意大利。——编者注

四、成就评价[1]

国际劳工组织既非一政治团体，故其政治主张与企图，亦非一超国家主权的机关，故对会员国并无若何强制的权力，唯一本政、资、劳三方面的合作原则及民主精神，以求提高工人地位、改善工人生活，并由此而努力于社会正义之实现同世界和平之维护。各会员国的代表在大会中就任何问题均能开诚相见，而以平等、自由的协商方式谋求解决。在比例上，政府的代表虽多于资、劳的代表，且在理事院中，主要工业国亦处于较优越的地位，然空气仍然和谐，举措亦极公正，从没有偏袒或压迫之事情发生。自其成立以来，已举行大会二十余次，截至1942年为止，已制定的国际劳工公约计有67种，建议书亦有66件。公约为会员国批准者，若以批准国之总数计算，已达八百八十四国之多。即其所作各项建议书，亦类多已为各国所采用。例如，1923年国际劳工大会所建议劳工检查之办法，不特比利时、西班牙、瑞典及瑞士立刻依据以改革其旧有的制度，而且罗马尼亚及爱斯托尼亚[2]亦以之作为建立其新制度的基础。后来更有古巴、厄瓜多尔及凡尼苏拉等国相继步其后尘。由此，足证国际劳工组织对各国所采一切有关劳工及社会之改进措施，无形中已发生领导的作用，而其所给予人类进步的影响，实难以道里计。

发表于1947年《劳工》月刊第6期"五一劳动节专号"

---

[1] 原文无序号，该序号为编者所加。——编者注
[2] 今译为爱沙尼亚。——编者注

评"试行行政院负责制"

酝酿了很久而且经过不少曲折的政府改组，总算终于4月底勉强得以实现。但政府改组迄今已逾月余，国内的大局不特并未因之好转，反而更趋恶化。即最近参政会所作最后一次的和平运动，也不幸已为战乱和讨伐的叫嚣所冲淡，落得昙花一现，而成为泡影了。看来，今后在新政府之下，正如新行政院张院长自己所坦白承认的，亦不（致）再有其他"奇迹出现"，足以挽救危局。老实说，大家对于此次政府的改组，本来没有感觉若何兴奋，更对于换汤不换药所产生的新政府未存若何幻想，当然也无所谓失望了。不过据说此次政府改组还牵涉到一个改制的问题，即所谓"试行责任内阁制"。民社、青年两党的人士在参加改组之前，似乎一再提到这点，把它作为他们参加的先决条件之一。改组实现后，新行政院张院长在首次政务会议席上复特别地强调地说："此次政院改组之意义，即试行行政院责任制，以后行政院应全体负责，此次行政院原任各部、会长官全体总辞职，再加新任命，即为表现此种精神之一例。"由此足见他俨然以首任的内阁总理自居，而且希望各新任部、会首长和他同"跳火坑"。现在，我们始且撇开政治问题不谈，只就制度而言制度，试看在目前的情形之下，要想"试行行政院负责制"是否可以兑现？

大家都知道，责任内阁制首创于英国，后虽经其他若干国家仿效，然实行的结果，均不如英国那样圆满。何以故？乃因此制在英国有其悠久的历久［史］背景，系随该国民主政治演进而形成，并非预为设计，亦非偶然得来。可说早在十七世纪末期，内阁在英已具雏形，但是内阁须对国会负责的原则，却到了十八世纪中叶才开始确立。其所以然者，因为这个时候，英国的民主宪政已将近成熟的阶段，实行责任内阁制的主观和客观条件均已具备。

所谓主观的条件，就是内阁已由御用的辅弼机关，而变成独立自主的最高行政机关。不特英王已不再干预政治，其领导地位已为内阁首相取而代之，即原有襄赞朝廷大计的枢密院，亦已失去其功用，而仅存其名了。

至于在客观的条件方面，第一，此时的英国的选举制度，虽尚未达到今日全民政治的程度，国会多少仍带有贵族的气味，然而代议制度的基础业已奠定。经过几百年的奋斗，国会不仅已获得了最高的立法权，而且已握有财政控制权，这样就可使政府的行政机关，对他不能不俯首就范了。

第二，原有封建时代的政团，已逐渐发展而成为现代的两大政党。这就是说，它们已放弃过去以武力为唯一政争的工具，转而采取和平合法的手段，以争取民众的拥护。于是选票代替了枪弹，互相尊重和容让，代替了互相残杀和仇恨。每次选举的结果，胜利的一方面即出面组阁主政，要以成绩的表现巩固其政权。失败的方面则立于反对的地位，虽不免要吹毛求疵的［地］抨击政府，然亦只在争取人民的同情，以求削减在朝党的威信，而期自己有一个出面主政的机会。如此一进一退，均以民意的背向［向背］为依归。

此种两党政治形势的造成，不仅使英国政权的更迭有了常轨可循，同时亦是内阁制得以顺利推行的主因。一方面因为内阁首相及其他内阁员均由在国会拥有大多数议席的政党供给，无复再由君王以个人的好恶来决定人选，就是遇有野心的君王，也不能来左右内阁了。在另一方面，因为内阁由一党的领袖人物所选成，政见自然易于趋于一致，并且在国会中既有大多数的议员为后盾，除非其决定的政策有重大的错误或违反大部分人民的意向，必定能够得到贯彻实施。也可以说，自政党政治形成以后，英国的内阁在法律上虽仍须受国会的控制，实际上却已取得领导国会的地位。两者似可分而不可分，唯其行政与立法机关紧密联系，同时为一党所主持，则政府的功过，即易为人民判明。此不仅是英国内党政治的优点，亦是责任内阁制能得运用成功的奥妙。

第三，自1215年《大宪章》的公布后以至十八世纪中叶，在这个漫长的民主运动当中，英国的朝野都已树立法治精神，对政治有了相当好的素养。故责任内阁制虽于法无据，完全建立政治在习惯上，两百年来英人均能遵行不渝，这也不是普通一个国家的人民所能做到的。

现在我们话归本题，试问：在目前上列英国责任内阁制开始实行时所有的主观和客观的形势，在我国已经存在了没有？我们的回答当然是否定的。自国民政府成立以来，前后所订的《国府组织法》，虽都明定行政院为我国的最高行政机关，然而实际上，行政院之上始终另有若干太上政府存在的。远者姑勿论，即以改组后的政府机构而论，行政院之上，不特有国府主席，还有国府委员会。修改后的《国府组织法》虽然赋予行政院一些重要的权力，如得由政务会议议决提出于立法院之法律案、预算案、大赦案，以及宣战媾和案等等，但同时却又规定国务会议有议决立法原则、施政方针、军政大计、财政计划及预算等等。两相对较，即知行政院的权力，完全是有名无实的。因为它所能决议的事件，不是要根据国务会议的决议，便须呈国务会议再加核定。换言之，目前国府的最高决策机关是国府委员会，而不是行政院。新订的《国务会议规则》对于主席的紧急措施虽已略加限制，但其范围仍相当广泛。何况我国一向重人不重法，今后主席仍可以不必经过国务会议，直接以手谕命令行政院，或甚至连行政院也毋须经过，径向各部、会以及地方机关命令行事。再者，在欧美的民主国家，军事行政不过是一般行政的一部分，而且军政机关亦必隶属于最高行政机关之下。然而我国的情形却甚特殊，过去在行政院之外，另有"军事委员会"之设，军政部、海军部、航空委员会等，有些在名义上隶属于行政院，实际上却归军事委员会指挥；有的则直接设于该会之下。胜利后，该会虽已撤销，而另设立国防部置于行政院之下，但是军政长官仍可"帷幄上奏"。譬如行政院各首长第一次出席立法院报告施政方针的时候，张院长既含糊其辞的主张和平统一，白部长却说依照最高统帅的命令，武力统一是既定的国策。同是一个政院有两个极端相反的政策，已是笑话，并且足证明行政院连最高的执行权，亦是不完整的。如此而言实施共同负责制，如何可能？如果照张院长自己所说的，今后行政院要忠实执行国府会议的决策和立法院所制定的法律，这无异要同时对两个机关负责，以一仆而侍二主，岂不左右为难！傅斯年先生曾为文对前宋院长作轰炸式和不留情的攻讦，博得不少人的喝彩。宋院长在他任内有许多措施固然大大失评"试行行政院负责制"

当,以致为国人所唾骂,弄得没面子地下台,[①]咎由自取,我也用不着替他辩护。但是平心而论,国事弄得如此一团糟,行政院院长是否要负全责?如果不是的话,那么,前宋院长在许多方面是代人受过了。我查今日张院长所处的地位,未必较前宋院长为优,其结果自亦不难预料。

其次,"试行行政院负责制"就客观的条件而言,也是行不通的。一则目前我国的立法院既非人民的代议机关,亦无独立立法和足以控制政府行政的权力,根本不能与英国的国会同日而语。虽然政府改组以后,在形式上已"由一党训政变成为多党训政",但事实上因为民社、青年两党的力量微乎不足道,但已有"尾巴的嫌疑"政府仍未脱离一党专政的窠臼。不特此也,今日国民党已非昔日那样意志统一的革命政党,而其内部已分成了许多积〔极〕不相容的派系,彼此互相倾轧,不是因为在政治的主张上有何差异,乃完全着眼在权力的争夺。因此,行政院院长可能是某系或某派的领导人物,却不必一定得到全党的拥护。所以,就党的立场看,他的地位亦不能与英国内阁首相的地位相比拟。至于谈到法治精神,不特我国一般老百姓无此素养,虽政府当局对之亦甚漠然。张院长登台之初曾谆谆以此自勉并勉人,然而据说他最近调整公教人员待遇的一件事,亦曾亲向蒋主席数度请示,经许可后,才提交政务委员会讨论通过,其余概可想见。

[①] 宋子文于1945年6月25日任行政院院长,1947年2月因黄金外汇政策失败引发经济危机而辞职下台。该年1—2月,傅斯年在《观察》《世纪评论》杂志上先后发表《论豪门资本之必须铲除》《这个样子的宋子文非走开不可》《宋子文的失败》等评论文章,对宋子文大加挞伐,引发舆论风潮,对宋子文的下台起到了重要推助作用。——编者注

法治乎？亦只能由张院长自己加以区别，我他［们］实无从测其高深。

总而言之，我国政府的机构，一般是叠床架屋的，改组后并未见简化。因此，仍然是系统不明、权责不清，有权的人未必负责，负责的人可未必有权，法可因人而立，法亦可因人而毁。如此而言"试行行政院负责制"，究竟由谁来负责，对谁负责？

《正义报》1947年6月8日第2版

论实施计划行政

——行宪后行政应有的改革之一端

我们挂起一个"中华民国"的招牌，已有三十六个足年了。今天又到了岁序更新的时候，我们现在才开始行宪，说来已是极大的笑话。何况目前国内犹遍地烽火，大多数人民正在求生不得、求死不能的当中挣扎着。他们不特对行宪丝毫不感觉兴趣，恐怕连行宪就是一回什么事也弄不清楚。所以，即便到现在来开始行宪，客观的条件和环境是否业已具备，尚成疑问。至于行宪后的成效如何，此时更难逆料。不过政府既然决心开始行宪，我们当然只有从最好的方面去着想，希望行宪后整个的政治风气为之一变，尤其希望将来依据宪法所产生的新政府，不（致）再像以往那样换汤不换药，只求粉饰太平。要能痛下针砭，对现有贪污、腐败、无能的行政，澈〔彻〕底的加以改革一番，方不辜负行宪的本意。

谈到行政改革，因为需要改革的地方太多，或不免令人感到百孔千疮而有难以着手之慨。当然，我们也不能奢望停滞在中古时代或半封建式的行政类型，在隔夜之间即可达到十足现代化的程度。不过，行宪的开始，确是改革行政的绝好机会，政府切不可再轻轻地放过。假若当局对现状真能虚心详加研究，自不难找出主要的症结所在，对症下药；又假使当局果有诚意和勇气从事改革的话，也绝没有行不通的道理。兹因篇幅所限，暂先提出行政应有改革的一端，以供当局的参考，其余容后另为文讨论。

我认为目前我国行政所犯最大的毛病，莫过于①政府的一切措施，事前都无一定的计划，不是头②痛医头、脚痛医脚，便是本末倒置，缓急不分。以至步骤凌乱，朝令夕改，而形成矛盾百出，治丝愈棼的状态。虽过去政府曾经提倡过所谓"三联制度"，似乎把设计与执行和考核同时并重的样子，并且在中央有设计局的设立。在地方政府各行政机构中，也同样的增设设计委员会一类的组织。然而，这些机关既无超然的地位和充分的权力，更缺乏应有的经费和专才。设计中很重要的工作如调查研究等均无法推进，何能发挥实际的功用？结果形同虚设。有时应某行政机关的需求，或迫于上级的命令，只好临渴掘井，闭门造车，写一篇洋洋洒洒的大文章，便算是一个三年五年的计划。而且，一般行政机关为表扬本身的才能起见，这种草拟计划的工作，根本也毋须乎设计机关人员代劳。他们的科员、科长或秘书等，就可一手包办。尤其每逢一个新主管长官走马上任时，总免不了要大吹法螺，发表一些施政方针——虽然连他自己也不相信这些方针可以兑现的。总而言之，在表面上，我国并不是没有计划，而且特别的多，但是所有的计划都是些玄想的结果，与实际毫不相关，除了一大堆的文字以外，别无价值可言。所以一个计划一至公布或发表以后，也等于石沉大海，落得无影无踪了。欧美各国有人讥

---

① 原文误为"头"，显是与邻列误排，已更正。——编者注
② 原文误为"于"，显是与邻列误排，已更正。——编者注

诮我们，说我国的行政往往以文字起而以文字终，宁是过言？

今后政府不谈行政改革则已，否则首应竭力纠正漫无计划的现象。但要实施计划行政，又必须对于"计划"二字的意义，有一种正确的瞭解。质言之，一种行政计划的拟定，绝不可徒尚空谈或专凭武断，必须针对实际的需要，有事实的根据和妥善的实施步骤与方法，并且还要考虑有无适当的人才和有无充足的经费与物资可以配合来实施此一计划。因为人、财、物是执行任何行政工作所不可缺少的三种因素。只要是其中之一发生问题，即可影响到全部计划的实施。

行政计划有整个与局部之分，又有长期与短期之别，整个行政计划必须包括政府一切的职责在内，是各局部计划的指南。故于拟定的时候，最应注意者，要权衡各个别事项的轻重缓急，以定其先后的次序，并要纲举目张、条理清晰，使人一看即知其中心目的之所在。局部的计划，其功用虽在希望实现一种特定的目的，然而也要知道政府的各种行政往往息息相关，鲜有能完全独立的。因此，各部门在拟定局部行政计划的时候，固须顾及总的行政计划，即在实施局部计划的过程中，亦须时常与其他有关部门保持联络，方可收分工合作之效。至于计划应为长期或短期的，则须视工作的大小或所需的人力、物力和财力的多寡以为断。

此外，政府于拟定任何行政计划时，尚有一点亦不可忽视的，即不应单凭主观以作决定。凡政府以内的有关部门或所属人员，固应使之有参加意见的机会。而且要使政府以外的人民与团体亦有提供意见之可能。尤其对于专家的意见，更应重视。经过如此集思广益的步骤，综合各方面的意见，然后所定计划才易为一般人所接受和拥护，而能获得顺利的批准与圆满的效果。

总之，行政计划就是工作的起点，并且是工作的主要部分，好像在建筑上工程师制图一样，将来所产生的建筑物或好或坏，全视制定的图案巧拙以为转移。所以，政府于拟定行政计划之初，应特别郑重将［其］事，不宜操之过急或马虎了事。一俟计划决定之后，就按部就班，以求贯彻实施。非至万不得已时，不可轻易更改，尤不宜无故半途而废，或图一时之方便，竟至采取一种相反的政策，以自食诺言。唯如此，行政始有条理和效能可言；亦唯如此，政府的威信始可树立。

三十六年除夕，于云南大学
发表于《平民日报》1948年1月6日第4版

致熊庆来校长信两件

迪公校长赐鉴，

抗战军兴以后，晚幸得缘，来校追随左右，迄今已十有一载，虽以才疏学浅，愧无建树，以答话厚爱，然始终坚守岗位，未敢稍懈，亦可谓已答以力矣。

本年蒙准休假一年，时深感荷！兹因离昆他往，从事考察研究，所需旅费颇钜，拟请伏念犬马之劳，增给两个月薪津，以资补助。可否？敬祈裁夺。因尊驾赴京，不克拜别，谨此辞行。以后尚祈时赐教言，以匡不逮为幸，耑肃，顺请道安！

晚朱驭欧谨上
卅七年十月四日

熊庆来批：准予特别补助两个月薪津数额，为考察研究之资，比照本月份之薪津额计算。十月十一日。

迪公校长道鉴，

暌违以来，时切系念，每忆昔日厚爱，益增旧雨之情。惟以时局动荡不安，加之疏惰成性，久缺函候，尚乞曲谅。荷闻我公有倦勤，颇为云南大学危，最近又获悉我公已重返主持校政，想一切困难均已迎刃而解矣。

客岁得蒙准予休假，衷心铭感匪已，但以事出有因，不免稍有遗憾耳。我公矢志办学，不辞劳怨，精神殊堪敬佩；而我公学问道德，更为有口皆碑。惜对时代潮（流）稍欠认识，处事对人，亦多成见，且每遇难题不能立断，时因小利而乱大谋，可谓美中不足。目前大局转变之方向已明，全国之统一在即。唯望审时度势，百折不挠，以竞中流砥柱之功。晚因知公甚深，爱护亦切，故敢直陈不讳，谅不至以此而见罪也。

晚自来以后，贱躯日健，与各方亦甚融洽，舍下大小均托庇粗安，堪为告慰。兹有一事附带奉恳者，即晚在休假期间，应向云南大学领取之薪金，截至上年度四月份为止，均已如数领讫。但自五至七月仅得一小部分。前因教部经费一度中断，各校均感困窘，据悉云南大学尤甚。然川大自黄校长[①]由穗返校后，已将七、八两月之薪津按新调整待遇标准全数发放。即五、六两月之差额，亦已照前定关元比率，并以前所发金元券五亿元折合银元一元一律补足。想云南大学亦已同样办理。晚之薪津原托熊君锡元代领，惟最近数次函询均无回音，不知何故。用特烦请便中惠予查询，并将实情赐示为祷！耑肃，敬候铎安，并叩潭祉！[②]

云南大学诸老同事，均请转为致意。

晚朱驭欧谨上
九月二日

选自云南大学档案馆藏民国时期档案，档号：1016—1—216—1

---

① 即黄季陆（1899—1985），1943—1949年间任国立四川大学校长。四川解放前夕赴台湾，1985年去世。——编者注

② 原文"潭"，疑似"谭"之误，通今之"谈"。——编者注

附 录

对美国外交部门的评论[①]

CONCLUSION

From the foregoing survey, it becomes obvious that due to the growing appreciation both by those in the government and by the public at large, of the importance of the State Department and the Foreign Service as a peace machinery, or more technically and correctly speaking, as the protector and promoter of the interests of the United States in the international field, a general movement for rebuilding these two associated services has been set in motion. The measures of reform adopted thus far certainly indicate the right direction which the contemplated reorganization should take, but the State Department and the Foreign Service as they exist today, not only have not reached their perfection but are still far from capable of performing to satisfaction the onerous duties placed upon their shoulders. In comparison with the foreign offices of other leading

---

[①] 本文系 1934 年朱驭欧在威斯康星大学所作硕士学位论文 The Foreign Service of The United State 一书的结论部分。——编者注

nations although they may measure up to their standards in general organization and administration, it is not too critical to say that they lag behind in many specific aspects. Giving them whatever credit they deserve, we cannot and should not refrain from pointing out their shortcomings, for only by so doing, further improvements may be perceived.

In evaluating any public service, a student of political science must use two criterions: (1) whether it is well organized so as to be conducive to efficient transaction of business; and (2) whether it has an adequate and competent personnel who can satisfactorily perform the work pertaining thereto. It is form these two angles that we are going to present our views in regard to the State Department and the Foreign Service of the United States.

A. PROBLEMS OF ORGANIZATION

The defects of the existing internal organization of the State Department have been fully brought to light by Mr. H. K. Norton in his study, Foreign Office Organization already referred to, whereas he made many valuable suggestions as to how such defects can be remedied.[1] In spite of the changes that have taken place since his writing, most of his proposed reforms are still applicable today. Hence what we should do is to summarize them and make whatever additions as may appear necessary.

---

[1] Particularly Chapter X of his book.

1. Internal Organization of the Department:

a. The present dubious and unstable position of the Undersecretary of States should be elevated and given dignity so that a man of high qualifications and broad experience may be obtained as its incumbent to aid the Secretary of States of major importance. In other words, this officer should devote his entire time to policy-making and be detached from the professional staff.

b. While the Undersecretary serves as a non-professional adviser to the Secretary, there should be a man who can represent the attitude and speak for the professional staff. Accordingly, it is only proper to create a Secretary General with the same rank as the Undersecretary, its office corresponding to that of the British Permanent Undersecretary, of the French Secretary General, and of the German Staatssekretar.

c. Owing to the growing importance of the United States' participation in international conferences and undertakings, an additional Assistant Secretary is needed to direct the activities of this category. The Division of International Conferences, the Division of Protocol and possibly the Treaty Division will be placed under the supervision of this new officer. Meanwhile, all the Assistant Secretaries should be accorded ambassadorial ranks so as to do away with the gross inequities between these officers and the Foreign Service officers detailed to the department for duty or to make use of those men who had served as high representotives in the field.

d. Since most of the offices of the divisional chief are filled up with Foreign Service officers temporarily detailed to the department or with drafting officers drawn from outside against the wish of the Civil Service Commission, it becomes imperative to raise their rank and compensation to those of ministers, which will help attract men of high calibre to accept these positions by looking up to them as a career.

e. Nothing can be said about the present arrangement of the geographical divisions, except that the Division of Latin America may be reorganized into two divisions, one for Central America and the Caribbean and the other for South America, so as to give adequate attention to the ever growing importance of the relations between these two groups of states and the United States. Besides, some public service divisions, such as the Treaty Division and the Division of Current Information should be strengthened, while others, such as those taking charge of the administration of the Foreign Service, may be consolidated under a single control.

f. A great step has been taken by the creation of the Legal Adviser, the Economic Adviser and Historical Adviser, in furnishing the department with sufficient expert counsel and assistance in technical matters. But as the duties of these officers are of equal importance, there is no reason why the latter two should be kept below the first as is the case at present.

g. In view of the fact that a great deal of inefficiency of the department is due to the combination of policy-making and administrative duties in the same persons who occupy the high posts in the department, there is the urgent need for the establishment of a separate office headed by an Administrative Officer to whom will be entrusted the whole responsibility for all matters pertinent to administration and personnel management of both the department and the Foreign Service. Of course, it is rather impossible to separate the two sets of duties into watertight compartments; but if the above said proposal is adopted, not only the higher officers, especially the Assistant Secretaries, would be greatly relieved of their multitudinous functions as ex-officio chairmen of this or that board, but much confusion would be also eliminated.

h. Another point of considerable importance, which has not been touched upon by Mr. Norton, may deserve a word here. That is, the creation of a special liaison officer with a position similar to that of the Parliamentary Secretary of the British Foreign Office, who will be assigned to the duty of securing cooperation with Congress as well as with the other executive departments and independent agencies of the government.

2.Organization of the Field Force——Whether the diplomatic service and the consular service should be administered as one unit as the United States and Germany have done, or kept entirely separate as is the British practice, or linked together in certain parts and segregated in others as shown by the French and Italian systems, is a very debatable question. Each systems have its advantages and disadvantages. In the case of the United States, the amalgamation of the two services under the Roders Act has certainly produced satisfactory results, and no one therefore propose to go back to the old system of administration. What remains to be done is to remove the rivalry or inequality in promotion that still exists between the two branches.[①] But this is a problem more related to personnel management than to organization.

3.Question of Combining the Foreign Service and the Home Service——It goes without saying that the functions and responsibilities of the officers in the Department of State are inseparable from and even heavier than those of the officers in the Foreign Service. Yet at present, these two bodies of the same battalion are treated in entirely different ways. Not only the men working at the headquarters in Washington are inferior in ranks, but they receive much less in compensation than their comrades in the field. Thus Mr. Porter, then Chairman of the Committee on Foreign Affairs, emphatically denounced this anomalous arrangement in the preamble of his recently introduced bill into the House of Representatives, by saying,

> "Whereas the compensation of the Home Service officers is grossly inadequate in comparison with the compensation paid to officers of the Foreign Service who receive and carry out such instructions as the witness the epoch-making international peace documents exchanged between the United States and France; and

---

① Norton, op. cit., Chap. V.

附　录　对美国外交部门的评论

"Whereas it is inconsistent with reason and good administrative practices to pay smaller salaries to officers in the home service of the Department of State who prepare and issue instructions than to the officers in the Foreign Service who receive such instructions." ①

Aside from the difficulty in enforcing the provision of the law for the exchange of personal between the two services as demonstrated by past experiences, the existing inequalities have often had a disheartening effect upon the morale of the officers in the State Department. It is therefore both fair and desirable to combine the two services into one administration as the British government has done.② At least, the personnel management of the State Department should be detached from the Personnel Classification Board, as noted before, (which) has shown too much interference with the proper allocation of positions in the State Department, and be given to an independent officer assigned to that department, who has an intimate knowledge of its needs and peculiarities. Objection may be raised to the creation of an exception among the corps of federal employees under the general Classification Act of 1923.But if we consider the special character of the duties of the State Department, we cannot see

---

① A bill to provide for the reorganization of the Department of State and for other purposes (H. R. 13179), quoted by Mr. E. Stowell. See, below, p. 204.
② R. T. Nightingale, "Personnel of the British Foreign Office and Diplomatic Service, 1851-1929," Am. Pol. Sci. Rev.

any reason why such an exception should not be granted.[①]

B. PROBLEMS OF PERSONNEL MANAGMENT

The main deficiency of the State Department and the Foreign Service, however, does not lie so much in their organization as in their personnel management. Despite all that the reorganization acts have brought about, it is undeniable that the two services still suffer heavily from the two century-old evils: inadequacy of the working forces and the low wages allowed to them.

In regard to the first, the story has already been told that the State Department has often been obliged to call in a large number of Foreign Service officers to take up responsible positions in the department on account of the lack of funds to secure the incumbents from anywhere else, while many foreign posts have been left badly undermanned. Though some relief was secured under the administration of Secretary Stimson, the axe of governmental economy necessitated by the depression soon again fell on the appropriations for the State Department. To wit, the amount has been reduced from $17,238,659 for 1931 to $13,008,620.60 for the current fiscal year. With the dwindling funds to draw upon, the department has to be contended with

---

[①] E. C. Stowell, "Reforms in the State Department and Foreign Service," Am. Jour. of Intl. Law, Vol. 22, pp. 106-110 (July, 1928) ; Irvin Stewart, op. cit., Am. Pol. Sci. Rev., Vol. XXIV, No.2, pp. 363-364（may, 1930）.

附　录　对美国外交部门的评论

whatever insufficient personnel it may have for use in face of the rapid increase of its work both at home and abroad. It is advised that vacancies need not be filled, while numerous dismissals must be effected even when no hands in the service can be possibly spared.① The upshot is that the men remaining in the service are forced to work overtime, and inexperienced men or men of mediocre type have to be placed in charge of some of the key positions, which, in turn, result in inefficiency and discontent.

　　The low remuneration offered to the officers in the service has even a more demoralizing effect. If we compare the salary scale prevailing in the Department of State with those obtained in the foreign offices of the leading European countries, we may readily see the gross discrepancy between them.② Turning to the Foreign Service officers, we find that their nominal salaries are not so much below those received by their colleges from other countries; but when the item of special allowances are put into the picture, the result is entirely different. For instance, after all is told and done, the American ambassador in London gets approximately $22,000 a year, while the British envoy in Washington is endowed with more than $80,000 a year, plus a magnificent residence. This gross difference certainly does not stop at this single case but runs through from the top down

---

① 　Hearing on Appro., State Department, 1934, 72 Cong., 2d Sess., pp. 12-19.
② 　For a comparison of the British, German, Italian and American salary scales for officers in their respective foreign offices, see Norton, op. cit., pp. 52-57.

to the bottom between the American and British foreign services.[①] The same may be said about the comparison with the wages received by the diplomatic and consular officers of other countries, though we have no complete statistical data at hand for proof. What makes the situation worse is that without thoughtful regards to the pitiful of the Foreign Service officers, the economy acts adopted during the past two years have practically wiped out even the small benefits they have gained under the Rogers Act and the Moses-Linthicum Act. Thus in addition to the general 15% cut of salaries imposed upon all government officers and employees, those in the Foreign Service have been made to bear the brunt of:

(1) the abolition of all post allowances;

(2) the abolition of representation allowances;

(3) a 65 per cent reduction in allowances for rent, heat, light of living quarters;

(4) suspension of all promotions;

(5) the depreciation of the American currency in foreign countries; and

(6) imposition of income taxes upon official incomes of government officers and employees abroad, while incomes earned by private individuals in foreign countries were exempted from such taxation.

[①] A complete comparative statement of compensations received by the American and British diplomatic and consular officers is embodied in Hearing on Appro., State Department, 1931, 71st Cong., 2d Sess., pp.173-174.Cf. the tables in Hearing on H. R. 17 and H. R. 6357, 68th Cong., 1st Sess., 1924, pp. 153-154, 228.

附　录　对美国外交部门的评论

It is estimated that all these factors combined have reduced the incomes of the Foreign Service officers, from ambassadors and ministers down to humble clerks and messengers in embassies, legations and consulates, to 50% on average. At the hearing before the subcommittee of the House Committee on Appropriations in last December, horrible and almost incredible conditions were reveled in the Foreign Service, such as "not only of families separated, children deprived of schooling, service officers and their wives and children compelled to live in sordid and unhealthful quarters with inadequate nourishment, and wives drudging in vain to make both ends meet, but of nervous breakdowns and suicides as a result of the dilemma of these officers." [1]

At the moment of writing, the government has already taken some steps to help the Foreign Service officers in the matter of depreciated currencies, [2] but efforts to increase their compensation

---

[1] Editorial, The Nation, Vol. 138, pp. 173-174（February 14, 1934）. The hearing referred to is not yet available, but exerts of it has already appeared in Lit. Digest, Vol. 117, pp. 36-37.

[2] In July, 1933, the President ordered the shipment of gold to a depository abroad to enable officers' and employees' salary checks and drafts to be converted into foreign currency at mint par. Again on March 26, 1934, Congress passed an act to authorize to be appropriated annually such sums as may be necessary to enable the President in his discretion and under such regulations as he may prescribe and notwithstanding of the Director of the Budget, to meet losses sustained in and after July 15, 1933, by officials, enlisted men, and employees of the United States, while in service in foreign countries due to the appreciation of foreign currencies in their relation to the American dollar. See, E. C. Stowell, "A Square Deal for Foreign Service", Am. Jour. of Intl. Law, Vol. 28, No. 2, pp. 341-342（April, 1934）.

are still in the making.①

Coupled with the low wages, there are also some other causes which have contributed to make the Foreign Service of the United States look not very attractive as a career. Firstly, due to democratic tradition, the governmental positions do not carry so much honor or prestige in this country as in the older European or Oriental countries.② In the meantime, young men with ambition and ability can easily achieve both fame and wealth by establishing themselves in the business world.③ Secondly, promotions in the State Department and in the Foreign Service have proved to be very slow and limited. Although in recent years more and more career men have climbed up to the high positions, the so-called "plums" still go to the politicians.④ Finally, the lack of a definite, expert and impartial agency of personnel administration has also helped create dissatisfaction in the crops, notably as a result of the differences in treatment between the officers of the home branch and those of the foreign branch and the disparity in promotions between the diplomatic and consular branches.

---

① A bill introduced by Mr. McReynolds authorizing $7,000,000 to be appropriated for the purpose of increasing the remuneration of the men both in the State Department and the Foreign Service has passed the House but is still awaiting the action of the Senate. See, Lit. Digest, Vol. 117, pp. 36-37 (March 10, 1934).

② Norton, op. cit., pp. 57-59.

③ E. F. Bax, "Spats or species? Is the International Banker Displacing the Diplomat?" North America, Vol. 230, pp. 191-198 (October, 1930).

④ Stowell, op. cit., Am. Jour. of Intl. Law, Vol. 22, pp. 606-610 (July, 1928).

附　录　对美国外交部门的评论

"Why, in these circumstances, do a few young men nevertheless desire to enter upon the diplomatic career?" Asked by Mr. Paul Scott Mawrer. "I have myself been at some pains to answer this question. Generally speaking," he reasoned, "there are two types in service today. One type, the more conspicuous of the two, married, often, to a woman with social ambition, is the well-to-do young man, perhaps somewhat snobbish in manner, who, whether he develops ability or not, is at least ornamental. The other type, fortunately the more characteristic of the two, is the young man, whether wealthy, or of perhaps more modest income, who desires really to serve his country even at some material sacrifice, who is patriotic, hard-working, intellectually ambitions, to whom social position is distinctly not an end, but a means, and whose inner desire is to play a part, effective, however, small, in his county's and the world's great affairs. As long as there are enough candidates available in this latter category, we shall not lack good professional diplomats, even in the existing discouraging circumstance…".[①]

Although this statement was made almost ten years ago, it still holds good to a large degree today. We note, however, both those two types of service and become somewhat disillusioned, for the first type has not found the life in the diplomatic circles so romantic and full of thrills as described in the movies or in novels, but, instead, he

---

[①] Our Foreign Affairs: A Study in National Interest and Diplomacy. New York, 1924, p. 322.

has found red-tape, routine and monotony in his daily work; while the other type after several years of hard labor without distinguishing himself, begins to wonder why his meritous services have not been appreciated by his fellow-countrymen, or whether he is of any use to his country at all regardless of his patriotic sentimentalism. What can they do about it? The only way out seems to be to get away from the mess and start over again in some other more prospective and remunerative field. This accounts for the high turnover of personnel. Those whom circumstances do not allow to leave the service so easily cannot but stay therein disgruntled and half-hearted. In either case, the lowering of the esprit de corps and the efficiency of the service has to ensue.[①]

While admitting that the State Department and the Foreign Service of the United States have also their bright sides, as have already been painted by Mr. W. J. Carr in his article entitled, "The Foreign Service as a Career," [②] we do not hesitate to say that their brightness has been largely eclipsed by their dark spots. Some of these dark spots, as we have seen, are largely due to non-material forces that may not be easily overcome, but others of a material character should be corrected. No one would doubt that a nation as wealthy as the United States could not afford to spend more on its

---

① R. Burgher, "Our Foreign Service", Outlook, Vol.153, pp. 369-717（November 6, 1929）. The author wrote from his own personal experiences in the service, and therefore his opinions carry a great deal of weight.

② In University Training for the National Service, July, 1931, op. cit.

附　录　对美国外交部门的评论

"first line of defense," or, to use President's Hoover's high sounding phrase, "the right arm of the government dedicated to peace," for the average appropriations for this purpose during the last ten years is only in the neighborhood of 12 million without deducting the fees collected by the State Department and its representatives abroad. In other words, the net cost of the department is less than 1% per cent of the total national budgets, while Great Britain devotes 2%, France, 2.3%, Germany, 5.9%, and Italy, 3.6% of their national for their respective foreign officers. In terms of the percentages of the appropriations for military purposes, the expenditure of the State Department appears still more insignificant.[1] Thus Congressman Temple recently declared in a rather unreserved manner:

---

[1] Norton, op. cit., Chap. VII. The unwise policy of the United States Government to leave the State Department and the Foreign Service financially handicapped has met the severest criticisms and condemnations from practically all quarters of the country. Of these we may mention the following: "Shameful Economy," The Nation, Vol. 138, pp. 173-4 (February 14, 1934); "State Department and the Old Deal," New Republic, Vol. 76, p. 35 (August 23, 1933); S. Young, "Punk in the Avenue Gabrial," Ibid., Vol. 75, pp. 316-18 (August 2, 1933); L. A. Mead, "Why Starve our State Department?" Christian Century, Vol. 51, p. 605 (may 2, 1934); "Machinery of Peace," Sat. Even. Post, Vol. 206, p. 22 (March 17, 1934); W. F. Palmer, "Men of State," New Outlook, Vol. 11, pp. 22-9 (May, 1934); G. E. Anderson, "Rebuilding Diplomacy; Need of Reorganization," Commonweal, Vol. 11, pp. 275-6 (February 8, 1930); W. T. Stone, "Overhauling Our Diplomatic Machinery," Cur. Hist., Vol. 31, pp. 896-901 (February, 1930); P. Brabites, "Wage of the American Diplomat," Catholic World, Vol. 130, pp. 405-9 (January, 1930).

"We can afford to spend more on the Foreign Service and on the State Department. If it is true that war is the failure of diplomacy, we should carry more of the better kind of insurance. It is the only department of the government which I have ever criticized for not asking for enough money when we have to handle the appropriations bills. It may be a surprise to most of the members of the International Law Society to know that the Congress does not originate the annual appropriations. The money needed is asked for by the executive branch of the Government, and the amount required is stated by the President in his budget message. Not one-oh yes, only one year--in the last twenty since I have been a member of Congress has Congress not given the executive branch as much money as it asked for. We would like to give the State Department more, I think, when they know just exactly how they want to use it to better advantage." ①

The truth is that it is not the officials in the State Department who have been too shy to ask for more nor is it Congress which has shown much reluctance to give, but it is the Director of the Budget who has always been in the habit to "slash down" the estimates of the department to the impossible minimum and the Comptroller-General

---

① Address to the American Society of International Law, quoted by Stowell, op. cit., Am. Jour. of Intl. Law, Vol. 25, pp. 519-560.

附　录　对美国外交部门的评论

who has been fond of passing one rule after another, which tended to discourage even the legitimate expenditares of the State Department. Hence in order to overhaul this department and the Foreign Service, those two officers must form the first object of attack.

All told, we, may, by way of conclusion, quote Mr. Norton again,

"The chief European Foreign Offices which the State Department must meet either in competition or collaboration are staffed with more officials, more experienced officials, and—relative to the standards of the respective countries—better paid officials than those of the State Department. To the appeal of higher salaries are added the items of rank, honors, titles, social position and economic security. While some of these may appear to a slight extent in this country, all of them are vastly more powerful in the European countries." ①

---

① Foreign Office Organization, op. cit., p. 69.

《美国国务院及其外交机构》前言[1]

Preface

Prior to the revolutionary movement, some of the thirteen American states had already sent unofficial agents to Europe for commercial purposes. Immediately following the Declaration of Independence, many of these agents were called upon to work for a common cause. The success of the Revolution was due as much to their skillful diplomacy as to the valor of those who actually fought and sacrificed their lives on the battlefields.

But soon after the achievement of independence, the American people turned their attention to the trial of a new form of government, the attainment of internal unity, and the development of that vast continent with its rich natural resources. In short, their energy was chiefly absorbed in the task of building a new nation. Consequently, to them, foreign relations were of only secondary importance. They followed closely Washington's advice of having "no permanent

---

[1] 本文选自朱驭欧所撰博士学位论文 *The American Department of State and Foreign Service* 一书序言,威斯康星大学,1936年。

附 录 《美国国务院及其外交机构》前言

entangling alliances" with other nations and cared very little about world affairs except during brief periods of national crisis. However, they resented the encroachment of the European nations upon any part of the Western hemisphere, while seeking to safeguard their own national existence and security. To attain this double purpose, European nations were told to "keep their hands off" America affairs under the expression of the Monroe Doctrine. In the meantime, Americans desired to trade peacefully with the outside world and, in times of war, demanded that the belligerent States respect their neutral rights. As a result, they made a considerable contribution to the development of the rules of neutrality in international law. It was upon these two fundamental concepts that the foreign policies of the United States during the first hundred years or so of its history were largely based.

Towards the end of the nineteenth century, the United States was coming of age. Her territory had spread across a continent facing the Atlantic on the north and south also well established. Her internal political situation had become fairly stabilized, and a new national consciousness had developed among the American people, partly as a result of the bitter experiences they had learned from the Civil War and partly as a result of the preaching of the Liber-Burgees School, largely inspired by German nationalism. The country was rapidly transforming itself from a predominantly agricultural economy to an industrial economy, which inevitably led to the struggle for world market and raw materials. Coincidentatly by this time modern means of communication and transportation were coming into use, thus making both the economic and political isolation of the United States no longer possible.

Then came the American-Spanish War in 1898, which definitely marked the beginning of America's outward thrust. The acquisition of the Philippines in the southwest, and Hawaii in the middle, of the Pacific not only paved the way for the ascendency of her influence in the Orient but also enabled her to gain a voice in world politics at large. From that time on, the foreign policies of the United States became more and more aggressive in nature, generally characterized by the German word "Machtpolitik" or by the home-grown term "dollar diplomacy". The initiation of the Open Door policy in the Far East was ostensibly designed to save China from being partitioned by the European Powers and Japan, but actually it was used more as a weapon to secure a lion's share for American commerce in the Chinese market of untold potentialities. The once defensive Monroe Doctrine was easily converted into a shield to cover the imperialism of the United States in Latin America and in the Caribbean. Even in the far-flung regions of America and of the Near East, keen competition began to be felt between American and European traders. It naturally follows that when the Great War broke out in 1914, the United States had become so involved in the international mechanism that her efforts to maintain her neutrality proved to be a failure. Wisely or unwisely, she finally decided to break her tradition by throwing her entire force to the Central Powers, thus causing a

附　录　《美国国务院及其外交机构》前言

complete change in the natural course of world history.

Regardless of all her sacrifices, the war changed the position of the United States from that of a debtor nation to that of a creditor nation, and her increasing economic power greatly enhanced her political prestige in international affairs. It is true that, as a reaction to the honors of the war , the American people have since become the champions of world peace. It is also true that the United States government has manifested a strong desire to return to its traditional aloofness and, for this reason, has persistently refused to join the League of Nations. Nevertheless, the American government has found it necessary to cooperate closely in every effort towards the promotion of peace and human welfare undertaken under League auspices. No international conference, congress, or convention of any major importance would have been complete without the participation of the United States. The recent economic depression further taught the American people that their fate is inextricably bound up with that of the peoples of less gifted countries, High tribute should be paid to the present administration at Washington, which, while devoting itself to the improvement of domestic conditions, has professed a "good neighbor" policy and has tried to keep the United States out of any world conflict through a limited neutrality law and to better inter-national trade through a reciprocal tariff program. Yet, one cannot be blind to the fact that, as a result of the collapse of the inter- national efforts to reduce and limit armaments, the United States has hurriedly adopted an expansion program for both its Army and Navy, thus deliberately entering the armament race, which is becoming keener than ever before. For peace or for war, the United States seems destined to play the leading role in the world's drama for years to come. It is therefore of immediate interest to a student of political science to inquire not merely as to what foreign policies the United States pursues, but, more importantly, as to how such policies are formulated and executed. This necessitates a close and careful examination of the Department of State and its auxiliary Foreign Service, through which the United States conducts its foreign relations.

Owing to the fact that the Department of State does not render an animal report of its activities and administration, the author, in writing this thesis, has relied largely upon the Congressional hearings as the main original source of information. To supplement the materials thus collected, he has also made full use of such other official publications and documents as he found available at the Library of Congress or as he could secure directly from the Department of State itself. Of the most valuable secondary sources to which frequent references have been made in this paper, the following seem to deserve special mention:

(1) Gaillard Hunt, The Department of State of the United States: Its History and Functions (New Haven, 1914), which gives a scholarly but interesting description of the development of the department from its inception to the outbreak of the Great War;

(2) Tracy Hollingworth Lay, The Foreign Service of the United

附　录　《美国国务院及其外交机构》前言

States (New York, first published in 1925 but revised in 1928), dealing with the subject from a professional point of view and, therefore, being quite readable;

(3) Henry Kittredge Norton, Foreign Office Organization (published under the auspices of the American Academy of Political and Social Science, 1929).

The best comparative study ever made of the foreign offices of the leading European states and the American Department of State. In addition, the pamphlet written by Mr. William T. Stone under the title, "The Administration of the Department of State: Its Organization and Needs," (published by the American Foreign Policy Association as a special supplement to its Information Service, Vol. IV, July 3, 1929), is a very analytical treatise on the administrative phase of the Department, with well compiled appendixes, while Professor Irvin Stewart's short essay, entitled "Congress, the Foreign Service, and the Department of State," which was published in The American Political Science Review (Vol. XXIV, No.2, 1930), is also highly informatory in so far as the administrative problems that arose under the Rogers Act are concerned. Professor Graham H. Stuart of the University of California has very recently published a volume under the title, "American Diplomatic and Consular Practice" (New York, 1936). It was not until the author of this thesis had concluded his writing that professor Stuart's book came to his attention, Although he has not yet found time to read it over carefully, a glance over its contents reveals that it represents a comprehensive and intensive

193

study of practically the same subject matter as dealt with in this thesis.

The author wishes to take this occasion to thank Professor Pitman B. Potter, who suggested and encouraged him to take up this subject. As a preliminary study, he wrote on the Department of State for his B.A, thesis and on the Foreign Service for his M .A .thesis. These two papers have served as a basis for his present investigation of the same agencies. For this reason, he is very grateful to the faculty of the Department of Political Science who permitted him to continue his work in this field, and particularly to Professor Frederic A. Ogg, under whose patient guidance and supervision this thesis has been undertaken. The author wishes also to express his appreciation for the cooperation rendered by many of the officials of the Department of State, such as Dr. Stanley K. Hornbeck, Chief of the Far Eastern Division, and Dr. Cyril Wynne and Dr. E. Wilder Spaulding, Chief and Assistant Chief, respectively, of the Division of Research and Publication. It was Dr. Hornbeck who kindly introduced the author to his colleagues in the department. In addition, the author is most indebted to Mr. Robert M. Loomis, a formerly fellow of the Department of Political Science, and a close friend for many years, for his kindness and patience in reading over the manuscript carefully and critically. Finally, it should be mentioned that the typing has been done by Mrs. Jean Riddle, whose skill and carefulness is indicated by the workmanship itself.

对美国现行外交制度的批评[1]

A CRITICAL EVALUATION OF THE EXTSTING SYSTEM

After a lengthy and somewhat detailed description of the American Department of State and its auxiliary Foreign Service, based on such relevant facts as were obtainable, an attempt will be made in this concluding chapter to give an appraisal of the existing system. In evaluating any governmental institution, a student of public administration is primarily interested in its standard of efficiency. But efficiency is itself a rather vague term, implying an intangible thing, i. e., the output of human efforts, which, when applied to such non-material production as a government service, cannot be measured in terms of pounds and ounces or dollars and cents. There are, however, two available criteria with which we can estimate the efficiency of a governmental institution: first, whether it is so organized and administered as to be conducive to proper and orderly functioning; and second, whether it is manned with a staff, the members of which

---

[1] 本文选自朱驭欧所撰博士学位论文 *The American Department of State and Foreign Service* 一书的第九章,威斯康星大学,1936年。

are adequate in number and competent in ability to perform the duties assigned to or expected of them. Now let us see how far the Department of State has gone to meet these two requirements.

The chief merit of the Department seems to lie in its flexible structure, which "changes almost constantly, partly in response to orders issued and rearrangements made by the Secretary, partly in response to Congressional statute." [1] We have seen how it has grown from a simple organization with a seeretary and five clerks into a vast and complicated mechanism comprising no less than 700 persons in Washington and approximately 4,000 field agents scattered in all parts of the world. Superficially, this may give the impression that it has always been kept adaptable and abreast of its work. In fact, the opposite is true. The main reason, as pointed out before, is that for almost a century, the Department received very little or only casual attention from Congress, while its importance as a protector and promoter of national interests was not appreciated by the general public. In addition to the lack of a definite program and of the necessary means to improve its organization and ministration, it was made a pawn of political patronage under the spoils system. It was not till the beginning of the present century, when its services began to be more and more indispensable to the businessmen and travellers, that its deficiencies as well as its usefulness gradually came to light. Then a movement for reform was set in motion, which has gained

---

[1] Pitman B. Potter, This World of Nations (New York, 1929), p.146.

momentum since the war. When the Rogers Act was passed in 1924, it was hailed as the beginning of a new era for the Foreign Service. But soon its shortcomings were revealed. These shortcomings have been partly but not entirely removed by the Moses Linthicum Act of 1931. On the other hand, neither of these two acts has touched the organization of the department itself, which is also badly in need of a general overhaul. The writer will try to bring out some of the salient problems which may deserve the consideration of those who are interested in the further improvement of that department and the Foreign Service.

A. The Problem of Redistributing Functions

The most unique aspect of the Department of State is its dual character as a foreign office and a home department. This dual character is, of course, the legacy of a compromise plan under which not only the Department of State but also the Federal Government as a whole was shaped. In the early days, when the foreign relations of the United States were not very important and when the world situation was much simpler and quieter than it is today, it was appropriate for the Department of State to devote some of its time to domestic duties. But its foreign responsibilities have increased to such magnitude and complexity that it can no longer afford to have its attention diverted to something else that does not properly belong to this field. In spite of the fact that the number of its domestic duties has been greatly reduced as a result of the creation of other departments and that its remaining functions are largely of an administrative and routine nature, nevertheless, they place an extra burden upon it. There is no reason why these duties should not be transferred to some other department better qualified for their performance, for instance, the Department of the Interior.

On the other hand, certain functions which are now parceled among several departments may be consolidated under the Department of State. For instance, unlike the European nations, who usually have a ministry of colonies dealing with the affairs of their dependencies, if they have any, the United States has never established such a department, but has assigned the administration of its territorial or colonial affairs to the Departments of State, War, Navy, and the Interior. At present, the Department of the Interior supervises the Alaska Road Commission, which was originally under the War Department.① A new division, known as the Division of Territories and Island Possessions, has also been created in the Department of the Interior to look after the administration of the governments of Hawaii, Alaska and the Virgin Islands and to exercise jurisdiction over the civil affairs of Puerto Rico as a result of the abolition of the Bureau of Insular Affairs in the War Department.②

---

① The Commission was authorized by Congress in 1905 to provide a system of highways in Alaska, and the transfer was effected by an act approved on June 30, 1932.See U. S. Government Manual, the Department of the Interior, p. 78.

② By Executive Order No. 6726, dated May 29 and effective July 29, 1934, issued under the authority of the act approved on March 3, 1933.Ibid.

But the War Department still retains its "administrative jurisdiction over the civil affairs of the Philippine Islands, including the direction of policies affecting the islands, and the supervision of financial, tariff, navigation, commercial, industrial, and other matters," while it is "responsible for the defense, maintenance, care, and operation of the Panama Canal," and "has immediate supervision and control of the Dominican Republic receivership for the collection of customs revenues and payment of principal interest on the adjusted bonded indebtedness of the Republic, acting in some respects as an agent of the receivership in the United States," [1] Again, one finds in the Department of the Navy the Office of Island Governments supervising the Governments of Guam and American Samoa.[2]

It is admitted that the peculiar relationship of each group of the above-mentioned dependencies with the government at Washington may entitle them to separate treatment. However, dealing with dependencies is somewhat analogous to dealing with foreign nations, and the problems of administration, at least as far as direct action by the Federal Government is concerned, are of the same general character with respect to all dependent territories. It was long ago suggested that the Bureau of Insular Affairs, then under the Department of War, should be transferred to the Department of State

---

[1] U.S. Government Manual, The Department of War, p. 361.

[2] Ibid., The Department of the Navy, p. 59. In order to know how the Government of the United States administered its colonial affairs, see V. J. Samonte, The American System of Colonial Administration (Iowa City, 1925).

and reorganized as a miniature of a department of colonial affairs to take charge of all the insular possessions, even including the District of Columbia.[1] In spite of the recent charges, such a reorganization is still necessary in view of the approaching independence of the Philippines and the gradual development of autonomous governments in other territories, which create a new set of relations between those dependencies and Washington, and which will require the increasing attention of the Department of State. These observations would not apply to the District of Columbia and hence exception might be made in that case.

Again, it should be noted that the control of immigration is now divided among the Departments of State, Labor and the Treasury.[2] Regardless of the fact that they have cooperated closely with each other in the enforcement of immigration laws,[3] the restriction of the entrance of aliens is none the less a problem vitally affecting the relations of the United States with foreign nations. It is, therefore, better, not only from the administrative point of view but also from the diplomatic point of view, to have the problem handled by a centralized agency, such as a Bureau of Immigration, whose staff

---

[1] Hearings before the Joint Committee on the Reorganization of the Administrative Branch of the Government: 68th Cong., lst Sess. (January, 1924), pp. 65-7. A more thoroughgoing discussion on this subject is contained in W. F. Willoughby, The Reorganization of the Administrative Branch of the National Government (Johns Hopkins Press, 1923), pp. 60-6.

[2] See, ante, pp. 58, 59, 220.

[3] Ibid., p. 335.

附　录　对美国现行外交制度的批评

members may be drawn from the Departments of Labor and the Treasury, but they must be placed under the direct supervision of the Department of State.

　　Finally, there is the question of allocating the functions relating to the promotion of commercial relations. In the early days, international trade was regarded as purely an individual concern, but in the last hundred years it has increased in such magnitude and importance in international relations that it has definitely called forth the participation of the national governments. This participation is primarily two-fold: (1) To protect and further commercial interests through the creation and maintenance of an atmosphere favorable to the free development of such interests. This involves the removal of obstructions or discriminations through commercial treaties or by virtue of international law and customs and the cultivation of friendly international relations. (2) To aid individual merchants or commercial firms in direct trade promotion activities, which involve the opplication of commercial intelligence and the procurement and development of trade opportunities. Originally, both of these functions were performed by the diplomatic and consular officers, particularly by the latter. In recent years, however, new invaders have come into the field of foreign trade promotion from the Departments of Commerce and, to a lesser degree, from the Departments of Agriculture, newly erected in the various national governments. In consequence, there has arisen the evil, not only duplication of efforts, but often of a sharp conflict between the several departments in regard to commercial policies both at home and abroad, Great Britain was the first country which attempted to solve this complex problem by the creation of a separate department, known as the Department of Overseas Trade, which has been placed under the dual control of the Foreign Office and the Board of Trade. Through this device, the Consular Service remains under the control of the Foreign Office, but the Board of Trade is made responsible for general commercial policy. The duty of the Overseas Trade Department is to carry out this policy through its Commercial Diplomatic Service, which has been created to replace the system of commercial attaches. Although this experiment cannot be said to have proved entirely successful, it has nevertheless produced gratifying results.[①] In contrast, the aggressive attitude of the Department of Commerce, especially when it was under the administration of Mr. Herbert Hoover, prevented the government from taking any concrete action on the subject. Not until about two years ago, was some sort of a temporary arrangement arrived at between that Department and the Department of State. Under that arrangement, the number of commercial offices established by the Department of Commerce has been greatly reduced, and the remaining ones have been brought under more direct control by the Department of State, while a large and the

---

[①] Sir John Tilley and Stephen Gaselee, The Foreign Office (Whitehall Series,1933), Chap. X; Norton, Foreign Office Organization, op. cit., p. 29; Iay, op. cit., p. 205.

附　录　对美国现行外交制度的批评

most essential part of commercial work has been handed back to the consular officers.[①] Commendable as this plan is, it is only temporary in character and falls short of a solution for the fundamental problem. To which (department) should this function of trade promotion belong, the Department of State or the Department of Commerce? Theoretically and even legally speaking, it should belong to the former because it is the agency of the government charged with the responsibility of dealing with foreign governments and is entrusted with the direction of the foreign policy of the government abroad.[②] In practice, however, the Department of Commerce seems better qualified for doing the work. For instance, in discussing the activities of the consular officers, Professor Pitman B. Potter declares:

> "As a matter of fact, the consul might very well be glad to seize the opportunity to escape from the burden of commerce promotion work. As far as the carrying on of investigations and the compilation of statistics, making reports and answering inquiries concerning trade opportunities, the consul has two grievances. Such activity takes much time and energy and detracts from his ability to perform his proper protection work on behalf of fellow citizens and his work on behalf of the police legislation of his government (immigration, quarantine, and

---

① See, ante., pp. 336-7.
② Hearings on Appro., 1935: 73d Cong., 2d Sess., 1934, p. 20.

203

so on), not to mention his duties in connection with shipping and seamen. Moreover, he cannot hope to compete, in sending commerce reports, with the field agents of the commerce department-commercial attaches or other investigators-who are trained especially for the making of economic investigations, who are often professional statisticians, and who have no protection work or administrative work to prevent them from giving all of their time to these investigations. Finally, the consul who is true to the traditions of the office and who has any true realization of the practical exigencies of the situation in which he is placed must resent being taken from the dignified and important judicial and administrative work of his office to be made into something of a commercial drummer for a soda-water manufacturing concern back home. He knows, moreover, that in connection with competitive commodities-and the self-selling non-competitive commodities are not the ones which call for 'promotion' -it is in just this field of action, by just this sort of promotion work, that the consul is most certain to antagonize local businessmen and the national and local governmental officials with whom he must deal and to whom he must look for the effective accomplishment of his protective activities on behalf of fellow-citizens. All this is intensified when, as is almost inevitable, the commerce department takes all the credit for the resultant expansion of the national trade, and the administrative superiors of the consul are ready to take him to task for both the

附　录　对美国现行外交制度的批评

deficiencies in quantity and quality in his commerce reports and any neglect of promotion work as well." ①

If, however, the Department of Commerce is allowed to take over the trade promotion work entirely, several practical difficulties may arise. In the first place, as the collection of commercial information and the securing of trade opportunities require familiarity with local economic conditions and daily contacts with local businessmen and governmental officials, the Department of Commerce will have to establish a commercial office parallel practically to every consulate that exists today. Competing with each other for the honor of representing the home government and each trying to win the respect of fellow-citizens, the ill-feeling between the consular officers and the commercial agents would probably be increased, to say nothing of the added expenses incurred. On the other hand, newcomers, without any traditions to follow, the commercial agents, whether under the title of an attach or that of a commissioner, may find it difficult to establish a prestige comparable to that which has been attained by the consular officers. Moreover, by acting overtly as a drummer for the standard Oil Company, or the Ford Company, their movements may be viewed by the local people and authorities with suspicion or even disgust, which is often the popular reaction to the canvassing of

---

① Potter, "The Future of the Consular office," Am. Pol. Sci. Rev., Vol. XX, No.2 (May, 1926) , p. 292.

salesmen, Such factors combined with others may work to their great disadvantage in getting authentic information and in cultivating local friendship, which is so essential to the promotion of trade.

Many prominent authorities have even gone so far as to suggest that the government should give up its trade promotion activities altogether, for the following reasons: (1) It is unbecoming the dignity of the government to act as a mouthpiece for the pecuniary interests of business firms or classes, while it is contrary to the spirit of democracy for the government to serve the interests of a few individuals or economic groups at the expense of the general public; (2) direct participation by the government in the commercial domain may reduce or destroy the individual initiative of businessmen and their organizations; and (3) at present, big firms have developed field agencies of their own in foreign countries, which are not only adequate but even more competent and better trained than governmental representatives to handle their business affairs, whereas small firms can also rely upon the associations to which they subscribe or simply upon their own individual efforts if they wish to increase their sales abroad.[①] These arguments are, of course, sound enough in themselves. The irony of the situation is, however, that as the government in almost every country is dominated by the economic

---

① See the statements made by Lord Bryce and by the last British committee to investigate the Department of Overseas Trade, as quoted by Mr.Lay in his book, op.cit., p.209.

interests of minority groups, it is hard to expect it to suddenly withdraw its services to these groups without vehement protests from them. Besides, the fact that the national governments of all leading trading states are now more or less engaged in trade promotion work makes it undesirable for any one government to remain totally inactive. Such being the case, we, therefore, return to the question: To wish governmental agency should this sort of work be assigned? There is every reason for us to believe that it is better to utilize and strengthen the existing diplomatic and consular organizations than to create a multiplicity of new agencies independent of the control of the Department of State. A unity of command is as essential in the conduct of foreign relations as in the operation of an army.

B. Suggested Reforms for the Department of State

By and large, the organization of the Department of State remains on a regional rather than on a functional basis. There is no doubt that the Far East, Europe, the Near East, and Latin-America should be treated separately because of their diverse local conditions, dissimilar historical traditions, and different current problems. Notwithstanding this, the world has become so closely knit that many of the international issues are now multi-regional or world-wide in nature, and the policies relating to trade, concessions, or loans, have certainly come to require a centralized agency to bring them to a focus. The Office of the Economic Adviser is supposed to assist and coordinate the activities of the various geographic divisions, but it "has neither the staff nor the power required for the discharge of such an important duty." [①] The recent creation of the Trade Agreement Section has marked a further step in this direction and has also brought the Department of State closer to the other departments and agencies of the government in dealing with the question of foreign trade. Yet, the work of this section is rather limited in scope, and strangely enough, it is quite independent of the control of the Economic Adviser. Recently, Professor D. C. Poole proposed the creation in the Department of a planning division somewhat similar to the General Board of the Navy and the General Staff of the Army. In support of his proposal, he stated:

"The pressure of work in the State Department is such that those in the present executive positions cannot do more than cope with the ceaseless stream of concrete daily cases. It is just physically impossible for them to pause, look back and quietly reexamine the multifarious situations of the world in suitable coordination, and so appraise the possibilities that lie beyond tomorrow. The new instrumentality which I propose would be removed from the regular channel of executive business. It would give its whole time, continuously and undisturbed, to the multiplying problems of our international intercourse. It could deal with matters which were not at the moment acute. It could

---

① Beard, Idea of National Interest, op.cit., p.425.

examine situations with thoroughness and care and suggest possible lines of action in given contingencies. The long rather than the short view would prevail."

"It is only by some such enlargement and improvement of the State Department that we can hope to make the best and fullest use of our accumulated experience. It is only in some such way that we can enable our changing President and Secretaries of State always appreciate the situations, necessities and aspirations of other countries. It is only so that we can hope to maintain in our national policy at all times that understanding and balance which are alike necessary to the promotion of our own best interests and the interests of the world at large." ①

It seems that the Office of the Economic Adviser may be broadened into such a long-term planning agency. In addition, the existing organization of the department needs to be improved at many other points. After a broad study of the department in comparison with the Foreign Offices of the leading European countries, Mr. Norton has made some very valuable suggestions which, so far as pertaining to organization, may be suggestions as follows:②

1. At present, the Undersecretary whose office is but of very

---

① In a speech before the Conference on the Cause and Cure of War, Washington, January 24, 1935, quoted in The American Foreign Service Journal, Vol. XII, No.3, (March, 1935), p.143.

② Foreign Office Organization, op.cit., Chap. X.

recent origin, occupies an ambiguous position. On the other hand, he is required to serve as a non-professional aide to the Secretary while, on the other hand, he is supposed to head the regular staff of the department and represent the professional point of view. Those two functions are simply incompatible. It is, therefore, but necessary to establish an additional office of equal rank and compensation. The incumbent of this office may be known as the Secretary General, who should correspond in dignity and importance to the British Permanent Undersecretary, the Foreign Secretary General and the German Staatssekretar.

2.At the time when Mr. Norton made his investigation, the supervision of geographic division was parceled among three Assistant Secretaries, one in charge of Europe, one of Asia, and one of the Americas. He deemed this arrangement to be satisfactory. But he advocated the creation of an additional Assistant Secretary to be responsible for matters, not of a regional, but of an international character, and to accompany the American delegation to any international conference. However, the distribution of functions among the Assistant Secretaries has since undergone many changes, owning to the fact that it is the practice of the Department, not to assign any definite set of functions to the office of each Assistant Secretary, but to shift the functions from one another as the aptitudes of the incumbents may dictate at the moment. For instance, under the existing arrangement, one Assistant Secretary supervises practically all matters relating to the administration of the Department of the

Foreign Service; another looks after all the geographical divisions; a third one directs the Trade Agreement Section; and the remaining one picks up whatever duties may fall on him. Uneven as this distribution may appear, it nevertheless indicates a higher degree of concentration of responsibility than the old plan under which the administrative and geographic divisions were scattered. Moreover, a Division of International Conferences has come into existence. It becomes, therefore, doubtful as to the necessity of creating an additional Assistant Secretary for this purpose, expect that the said division should be placed under the supervision of that Assistant Secretary, who now takes charge of the Trade Agreement Section because of the close relationship between the functions of these two units.

3.In general, to the various divisions, Mr. Norton suggested no changes in their organization, expect that the Latin American Division might be split into two divisions, one for Central America and the Caribbean and the other for South America. But in this discussion of the Division of Current Information, he pointed out the necessity of strengthening this Division, so that it could act as "the sole channel of communication with the Press, and could render excellent service in disseminating accurate information both as to the activities of foreign countries and the opinions of the Department so far as they could probably be made public." [1]

4.There should be created an office of Administration Officer

---

[1] Foreign Office Organization, op. cit., pp. 67-9.

which would correspond in rank and compensation to that of an Assistant Secretary. The new officer would be entrusted with all of the Administrative and personal matters of the Department, thus leaving the other executive officers free to devote their entire time and energy to policy-making. This suggestion has not lost its validity in spite of the fact that a beginning has already been made in this direction as a result of the concentration of the heterogeneous administrative units under the supervision of one Assistant Secretary. In the first place, any arrangement is haphazard, whose continuance depends so much upon the presence in the officer of such a veteran as Mr. W. J. Carr, whose long experience in and intimate knowledge of the service may not be easily found in any successor.[1] Secondly, by standing on the same footing as the other three Assistant Secretaries, he not only has not developed in his office a staff sufficient to discharge the onerous duties imposed upon him, but is not "free in so far as it is humanly possible from all 'political' influence, whether it be in the form of approaches by Senators and Congressmen or in the less formal friendliness of his Department colleagues," [2] in regard to personnel matters.

5.Finally, it should be noted that one of Mr. Norton's suggested applications have been fully carried out, i.e., the elevation of the

---

[1] Mr.Carr was due to retire last year (1935), but by a special Executive Order, his service was extended for another five years; Am. For. Ser. Jour., Vol. XII, No.10 (October, 1935), p.55.

[2] Mr.Norton's words.

position of the former solicitor to that of the present legal adviser. What we would add is that since economic expertness is equally important in the conduct of international relations, the office of the Economic Adviser should be kept on a parity with that of the Legal Adviser. Mr. Norton also expressed his opinion that each geographic Division should have its own economic and legal experts to handle the problems of that particular area within its jurisdiction in a more expeditious and accurate way. This may, however, lead to the development of a sense of self-sufficiency or perhaps overconfidence in those divisions, which would, in turn, make them less ready to consult, or to accept the views of, the experts in the offices of economic adviser and legal adviser. It seems to be a more practicable and sounder policy to have the latter two officers each assign one of their staff members to every geographic division. If this were done, the special purpose might be well served, while coordination could still be better promoted.

C. Further Improvement of the Foreign Service

It cannot be denied that the Rogers Act and other supplementary measures have gone a long way in professionalizing the Foreign Service, or have, at least, given it the semblance of a system based on the merit principle. It may also be admitted that the amalgamation of the Diplomatic and Consular branches of the service into a single establishment has resulted not only in a freer flow of personnel along its natural channels, but also in a number of administrative advantages. Yet, the service as it stands today is not so efficient and attractive as had been expected. One need not seek for the reasons.

1. Prior to their amalgamation, the Diplomatic and Consular Services had grown up under different conditions, and each had developed a point of view and class-consciousness of its own.[1] The Rogers Act succeeded in removing only the artificial, but not the natural walls that separated the two groups of officers. The ill feeling between them seems to have since intensified rather than abated. Such an unfortunate situation may be attributed to various factors. In the first place, the combination, though leaving their functional distinction intact, has resulted in the destruction of the somewhat independent position originally occupied by the consul and has definitely brought him into subordination to his diplomatic colleague.[2] This naturally gives him a sense of resentment because he believes, and he has a right to believe, that he is the harder worker and perhaps the more serviceable of the two. Secondly, the uniform salary scale as provided by the Rogers Act benefited the diplomatic officers more than the consular officers. Added to this was the greater proportion of promotions received by the diplomatic officers in the first few years under the operation of that law. Whether the blame should be laid on the imperfection of legislation, or on the

---

[1] G. Howland Shaw, "The American Foreign Service", Foreign Affairs, Vol. XIV, No.2 (January, 1936), pp. 327-8.

[2] Potter, Am. Pol. Sci. Rev., Vol. XX, No. 2, op. cit., p. 294.

附　录　对美国现行外交制度的批评

defective administrative machinery set up thereunder, or on the sinister influence of certain individuals or cliques, or some other unascertainable but inevitable circumstances, is immaterial.① What really matters is the deteriorating psychological effect which it produced on the "esprint des crops" of the service②. A more accurate and impartial system of appraising the merits of officers for the purpose of making promotions may counteract that effect to some extent. But the jealousy between the diplomatic and consular officers cannot hope to be entirely eliminated unless the treatment accorded to the one should be equalized with that accorded to the other strictly on the basis of the importance of the work performed by each. The gross injustice that exists in the service seems to lie in the fact that the consular officers do not receive such recognition and honor for their service as they are entitled to. For instance, regardless of their much heavier duties and greater contributions to the American interests abroad, the principal consulates general of the United States have not since 1942 been thought of as being at least on a basis of equality with even the smaller and less important of her legations. This, therefore, calls for a radical change of attitude on the part of the Government.③

---

① Norton, op.cit., pp. 44-5; Stewart, Am. Pol. Sci. Rev., Vol. XXIV, No. 2, op. cit., pp. 359-60; Shaw, Foreign Affairs, Vol. XIV, No. 2, op.cit., p. 328. See also, ante, pp. 193-4, 213-20.
② 原文应是德语，文意不明，疑拼写有误。——编者注
③ Shaw, op.cit., p.330.

215

2.There is not only a rivalry between the Diplomatic and Consular branches, but also some kind of schism between the young and old members of the entire service. This is because those who had come into the service before the reorganization had been recruited according to less exacting standards than those provided for under the new system. Yet, simply by virtue of their seniority, most of them have moved to the higher positions. Not only is the example they set for the new junior officers not very inspiring, but their tenacity to the old ways of doing things sometimes irritates the latter, who desire changes. Such conflict is perhaps inevitable during the transitional period of any service and may cease to exist at the moment when all of the old members have been replaced under the new system. For the time being, however, the authorities should not overlook this fact, but must try by every possible means to harmonize the interests of the junior officers.

3.In so far (as the) interchangeability of personnel between the Diplomatic and Consular branches is utilized to adjust the individual aptitudes of the officers to that type of work for which they are best suited, nothing can be said against the practice. But caution must be exercised against indiscriminate or arbitrary transfers. In spite of the gradual infusion of the diplomatic and consular functions, and in spite of the prediction by some that the rapid development of international organizations and administration may advance to such a stage as to absorb the consular service into an international civil service or to make it possible to merge the diplomatic and consular service into a single representation,[1] it is still generally recognized that the work in each field, as it is practiced today, requires different training and experience. Thus, one writer declares:

"… The work of the higher positions in the diplomatic branch differs from that of the average comparable positions in the consular branch. In the higher positions in the diplomatic branch, the man trends to make the job, whereas in similar positions in the consular brand the job trends to be largely ready-made; or to put the matter in another way, the diplomatic branch, as a rule, affords greater scope for individuality, initiative and imagination, and the consular branch for organizing and administrative ability. The fact that a man is a first-rate organizer and administrator does not necessarily mean that he will make a first-rate ambassador any more than the possession in an outstanding degree of those qualities which make a successful ambassador furnishes any guarantee of success in administering a large and complex office. Such differences in aptitude and, therefore, function are recognized in other lines of work. Why should they not be recognized in the Foreign Service?"[2]

Accordingly, it is appropriate to try out the talents of the newly

---

[1] Potter, Am. Pol. Sci. Rev., op. cit., pp. 290-1, 295-6.
[2] Shaw, Foreign Affairs, op.cit., pp. 329-30.

appointed officers in both branches in the first few years and then determine to which branch they can be more profitably assigned. But once assigned, they should be allowed to stay in that particular branch and work their way up. Transfers to the other branch should be avoided, particularly in the higher positions, unless in very exceptional cases. This, however, raises a question of promotion. As we have seen, the position of Consul-General marks the dead-end of the road of consular promotion, and, yet, this position is far inferior to that of a less important Minister as far as emolument and rank are concerned. The present practice is, of course, to reward the most successful and distinguished Consuls General with a post as Minister in some of the small countries. This works injustice not only to the officers concerned but also to the service itself. The best and most simple remedy for such a situation is to raise the rank and pay of the Consuls General to those of the Ministers.① Another possible solution that has been suggested is to evolve a classification of Foreign Service officers in terms of the types of work which they now actually perform, instead of in terms of diplomatic and consular posts.② This, if realized, would certainly abolish the distinction between the two branches altogether.

  4.One aspect of the Foreign Service that has been the most severely criticized is the low salaries paid to the officers. Only in

---

① Norton, op. cit., pp. 78-9.

② Shaw, op. cit., pp. 330-1.

附　录　对美国现行外交制度的批评

a single case, it has been recently reported that "even in a major post, an American envoy can live on his salary and yet maintain the respect of all concerned." ① Much, of course, depends on how one spends his money. However, an exception should not be taken as a general rule. No matter how frugal and patriotic he may be, an average American representative cannot remain unconscious of the gross difference between what he gets from his government and what the government of other principal states pay to their officers of corresponding grade. For instance, while the American Ambassador in London receives $22,000 a year, the annual compensation for the British Ambassador in Washington is said to be more than $80,000.② It is not the salary per se but the item of special allowances that really makes the difference. Not only the American Foreign Service officers find themselves in a less favorable condition than similar officers from other states, but they are unfairly treated even in comparison with the representatives from the other departments of their own government. "For instance," as one writer has recently pointed out, "Foreign Service officers have been unable to return home for their vacations and have been held several years abroad

---

① It is Professor William E. Dodd of the University of Chicago, appointed Ambassador to Germany by President Roosevelt in 1933.See, Ogg and Ray, American Government, op. cit., p. 579.

② A complete comparative statement of compensation received by the American and British diplomatic and consular officers can be found in Hearings on Appro., 1931; 7lst Cong., 2d Sess., 1930, pp. 173-4.Cf. the tables in Hearing on H. R. 17 and H. R. 6357: 68th Cong., 1st Sess., 1924, pp. 153-4, 228.

because no funds were available to pay their travel expenses, whereas other American officials abroad have had their expenses paid so that they could return to this country for a vacation. It needs no argument to show that such discrimination is disastrous to the morale of the Foreign Service." ①

The disadvantages of low wages may not be so burdensome if they are not accentuated by other limitations. Firstly, promotion in the service proves to be slow because of the lack of funds to make it feasible, while the so-called "plums" of the service are still reserved for the politicians or men of independent means in spite of the tendency to appoint more career-men to minor ministerial and ambassadorial posts.② Secondly, reared in a more democratic atmosphere, the American people do not look up to the posts in the Foreign Service or in the Department of State as a source of social honor and prestige, as much as do the peoples of the older European States. In the meantime, economic opportunities are so abundant in the United States that an ambitious and able young man finds it much easier to rise in society by engaging in business than by entering governmental services.③ Moreover, as wealth means power, a successful businessman can have as much control over international

---

① Ellery C. Stowell, "Cramping Our Foreign Service," Am. Jour. Intl. Law, Vol. XXIX, No.2 (April, 1935), pp. 31-6.

② The percentages of political and career appointees to ambassadorial and ministerial posts, 1924-1935, are indicated in Ibid., p. 315.

③ Norton, op.cit., pp. 51-2.

events and the destiny of his own nation as the most accomplished diplomat does, and he has no difficulty, if he wishes, in transforming himself from one into the other through contributions to a political campaign fund. Thus, he may save himself the trouble of taking an entrance examination, or of waiting impatiently on the eligible list, and of undergoing a long and somewhat tortuous period of routine work.① Under such circumstances, it is only natural that the Foreign Service, regardless of all the improvements that have been made on it, still does not attract the best talent of the nation. Even those few who have entered it either because of their love of adventure abroad, or because of their zeal to play a part, however small, on behalf of their country in world affairs, have become disheartened after a few years' trial. In consequence, the morale of the personal is anything but good, which, in turn, tends to lower the efficiency of the service.②

D. The Desirability of Amalgamating the Home Service and the Foreign Service

In various countries, the departmental service of the Foreign Office and the Foreign Service are combined or at least so graded as

---

① E. F. Bax, "Spats or Specie? Is the International Banker Displacing the Diplomat?", North America, Vol. 230 (Oct. 1930), pp. 191-8.
② R. Burgher, "Our Foreign Service," Outlook, Vol. 153 (Nov. 1929), pp. 369-71.

to permit a free exchange of personnel between the two branches.① This has not yet been done in the United States, where the Department of State and the Foreign Service are kept apart just as the Diplomatic and Consular branches of the latter were about a decade ago. Although the law has provided that any Foreign Service officer may be called for duty in the Department for a maximum period of four years, whereas a person with a record of five continuous years' service in an executive or quasi-executive position in the Department may be assigned to the Foreign Service without examination,② the operation of this provision has met various difficulties.③ Most of those difficulties are almost unavoidable when the two services are administered under totally different systems. Strangely enough, not only are the departmental employees recruited with lower educational standards than the Foreign Service officers, but they are accorded inferior ranks and receive less compensation. Even the Secretary of State gets only $15,000 while the salary of an ambassador amounts to $17,000! This disparity runs all the way down, and it is entirely unjustifiable when we consider that the officers in the department have more responsible duties to discharge than the officers in the

---

① The most notable example is Great Britain where the Foreign Office and the Diplomatic Service have long been combined and the Consular Service, which used to be kept separate has been recently assimilated to the general service, in so far as salaries are concerned. See Tilley and Gaselee, Foreign Office, op. cit., pp. 250, 270, 273.

② Act of May 24, 1924, Secs. 5 and 14; Act of Feb. 23, 1931, Secs. 12 and 21.

③ See, ante, pp. 114-6.

Foreign Service. Thus, in the preamble of a bill he introduced in the House on April 19, 1928, for the purpose of bringing about equitable adjustment, Mr. Porter, then chairman of the Committee on Foreign Affairs, emphatically and correctly denounced the existing anomaly by saying:

"Whereas the compensation of home-service officers is grossly inadequate in comparison with the compensation paid to officers of the foreign service who receive and carry out such instructions, as witness the recent preparation and delivery of the epoch-making international peace document exchanged between the United States and France; and

"Whereas it is inconsistent with reason and good administrative practices to pay smaller salaries to officers in home service of the Department of State who prepare and issue instructions than to the officers in the foreign service who receive such instructions;…"

According to that bill, the officers and employees of the department employed at Washington should be organized into the Home Service of the Department of State, which would be grouped into seven classes, with salaries ranging from $9,000 for officers in Class I to $3,000 for those in Class VII. The administration of the Foreign Service and Home Service would be vested exclusively in an Assistant Secretary of State who would not have been a Foreign

Service officers within seven years preceding his appointment.① More appropriate, perhaps, would be to work out a uniform plan of classification and compensation for both the Home Service above the non-professional group and the Foreign Service, except that the Foreign Service officers may be granted many additional allowances as dispensable to their duties abroad. Mr. Norton voiced in his writing practically the same opinion, suggesting that the combined service would be named the Foreign Relations Service of the United States-a very appropriate title. In order to insure a more democratic and impartial personnel administration, he further suggested the creation of a Board of Appeal composed of three members nominated and elected by the three branches of the Foreign Relations Service by means of a postal nomination and ballot. This would replace the existing Board of Appeals and Review appointed by the Secretary of State.② We need not be detained by such administrative details, which may be left to be worked out by more qualified experts. What should be stressed here is that the principle underlying the whole plan is sound. If adopted, it would not only free the Department of State from the restrictions of the Classification Act of 1923 and the sometimes undue interference by the Personnel Classification Board in the matter of allocation of positions, but may enable it to draw in

---

① H. R. 13179, reintroduced on April 15, 1929; quoted in Am. Jour. Intl. Law, Vol. XXII, N0. 3 (July, 1928), p. 609; Am. Pol. Sci. Rev., Vol. XXIV, No. 2 (May, 1930), pp. 363-4.

② Norton, op. cit., pp. 77-80; cf. ante, pp. 68-9.

men of higher calibre from outside and to better avail itself of the broader and more mature experience available in the Foreign Service. The only objection to this change is perhaps that it may result in the creation of an "imperia im imperium" [1]. But this objection would immediately lose its weight when the special character of the duties performed by the Department of State is taken into consideration. In the personnel of the Foreign Service could be divorced from the general Executive Civil Service, why not that of the Department of State? The functions of the two bodies of men and the qualifications for each may not be necessarily identical;[2] yet, they are so closely related that they can no more be separated than an army from its general headquarters.

E. Reinforcements for the Department and the Foreign Service

The Department of State needs not only thoroughgoing reforms but also immediate reinforcements in its personnel both at home and abroad. In spite of the rapid increase of its work in volume and complexity, that Department still remains the smallest of the ten departments of the Federal Government, in so far as its personnel at Washington are connected. It was reported that during the period 1932-35, the departmental personnel was reduced by 17 percent, while the number of Foreign Service officers was cut down by 10

---

[1] 原文为德语，意为"帝国中的帝国"。——编者注
[2] Am. Pol. Sci. Rev., Vol. XXIV, No. 2, op. cit., pp. 365-6.

percent the clerical force abroad by 20 percent.① The inadequacy of personnel is further revealed by the small sizes of the foreign establishments. Less than a year ago, one writer estimated that 38 out of the 54 missions had three or fewer clerks; eleven had four to six clerks and only five and seven or more. Of the 271 consular offices, 133 had three or less; 77 had four to six clerks, and 28 had seven to nine, and 33 had ten or more.② There is no objection to the separation from the service effected on account of personnel's unsatisfactory records. But "you cannot forever maintain a service by elimination without new blood coming in at the bottom." ③ From 1931 until 1935, there were particularly no new appointments to the Foreign Service. The small number made by President Roosevelt in the fall of 1935 is insufficient to fill up the vacuum or hiatus created in the service. In brief, more men should be added to the Department and the Foreign Service so as to relieve those who are now there, and to reduce the maximum efficiency that is expected from the two services.

F. General Conclusions

Regardless of all its faults, the Department of State as a whole can measure up to the standards of its counterparts in other countries, and

---

① Hearings on Appro., 1936: 74th Cong., 1st Sess., 1935, p. 2.
② Am. Jour. Intl. Law, Vol. XXIX, No. 2, op.cit., p. 314.
③ A remark made by Mr. Robert L. Bacon in his discussion of the appropriation bill of 1936 for the Department of State on the floor of the House of Representatives, quoted in *Am. For. Ser. Jour.*, Vol. XII, No. 3, p. 141.

附　录　对美国现行外交制度的批评

the American Foreign Service, as a result of recent reorganization, ranks now practically second to none in the world. But the two establishments, or more appropriately speaking, two units of one establishment, could still be much better if further reforms were undertaken along the lines suggested above. This calls for not only a great deal of human effort and tact on the part of the responsible authorities but also a keener appreciation by the general public of the importance of the peace machinery. The greatest obstacle to the improvement of that machinery is a financial one. It needs no repetition that Congress has never appropriated enough money for the Department of State, even to meet its legitimate needs. The annual appropriations, even for the peak years of 1931 and 1932, did not exceed $18,000,000.[①] Since then, large reductions have again been made: The figures for 1933, 1934, 1935 and 1936 are $13,694,792, $13,008,626, $15,470,484, and $15,938,565, respectively.[②] Although the President in his last budget message to Congress recommended an additional sum for the Department to spend on salaries, promotions, transportation of Foreign Service officers, and special allowances for the coming fiscal year, the total is still below the twenty million mark, or $19,126,052, including $3,800,000 to be appropriated from the public works funds set up under the New Deal.

[①] For amounts appropriated for the preceding years, 1919-1929 inclusive, see Stone, "The Administration of the Department of State," op. cit., Table I, Appendix, p. 42.

[②] Hearings on Appro., 1934: 72d Cong., 2d Sess., 1933, p. 21; Ibid., 1936: 74th Cong., 1st Sess., 1935, pp. 23-4.

In the same message, he recommended $549,591,299 for the Navy Department and $571,900,200 for the Department of War, an increase of $67,839,520 and $20,326,956 for the department, respectively, over their appropriations for the current fiscal year. If national defense is deemed to be important in this troubled world, why should the United States neglect its "first line of defense"? It should be remembered also that the Department of State receives for the U. S. Treasury an annual revenue averaging nearly $8,000,000. What the government actually spends on that department, including expenses incurred in other international cooperative activities, is less than the average amount received through its consular and other offices. This means that the department does not cost as much as the construction of a single battleship! It is therefore the duty of American taxpayers to see that what they contribute to support the government is directed into the more constructive channel.①

---

① For public criticisms of the United States Government for keeping the Department of State and the Foreign Service financially handicapped, see: "Shameful Economy", The Nation, Vol. 138 (February 14, 1934); "State Department and the Old Deal", New Republic, Vol. 76 (August 23, 1933), p. 35; S. Young, "Punk in the Avenue Gabrial", Ibid., Vol. 75 (Aug. 2.1933), pp. 316-8; L. Mead, "Why Starve Our State Department?", Christian Century, Vol. 51 (May 2, 1934), p. 605; "Machinery of Peace", Sat. Even. Post, Vol. 206 (March 17, 1934), p.22; W. F. Palmer, "Men of the State", New Outlook, Vol. 11 (May, 1934), pp. 22-9; G. E. Anderson, "Rebuilding Our Diplomacy: Need of Reorganization", Commonweal ,Vol. 11 (February 8, 1930), pp. 275-6; W. F. Stone, "Overhauling Our Diplomatic Machinery", Cur. Hist., Vol. 301 (February, 1930), pp. 896-901; P. Grabites,"Wage of the American Diplomat", Catholic World, Vol. 130 (January, 1930), pp. 405-9.

朱驭欧自传（节选）[1]

一、从七岁起到进入社会的阶段

1. 1911—1922年：在本地小学和中学读书

我从六岁多起即开始在本族所办的还带有一点私塾性质的初小读书，十一岁时才转到离我们村子不远的一个比较正式的高小读书，因该校设在一个文昌庙内，故称"文昌小学"。1918年毕业后即考入永州所属八县合办的一个中学——第六联合中学，因其校址设在本县县城外潇、湘二水会流处的一个洲子上，故称"泽洲中学"，旧制为四年，于1922年夏毕业。当时中小学里根本没有什么政治组织，甚至连学生自治会都还未出现。

2. 1922—1929年：在北京清华大学读书

我在中学毕业后，即同四个同班同学（他们在我归国后都已死去，其中有一个是在1926年在我们县里领导农民起义，旋被反动派杀害而壮烈牺牲的）一起外出升学，走到长沙，听说清华学校招生，将来可以到美国留学的。（我们）虽还没有把该校的性质和所在地点弄清楚，就赶着去湖南省教育厅报名投考。那次

---

[1] 该《自传》录自朱驭欧手写稿本，由家属提供复印件，在编入时对个别字句有所修改，稿本所署时间为1968年10月6日。

报名投考的有五百多名，只取录三名，而我竟侥幸地在取录之列，当然是喜出望外！

当时清华还是一个留美预备学校的性质，也是美帝国主义利用退回的庚子赔款对我国进行文化侵略和为它培养奴才和走狗的主要场所。它的学制可说是不中不西，内设有中等科四年，高等科三年，另加专科一年。中等科所设置的课程大体上和一般旧制中学差不多，只是许多科目都采用美国中学的英语课本并用英语讲授，毕业后一般可以插入美国各个大学的三年级，有的可以插入四年级。每年招生则按各省以前所摊派庚子赔款的数额为比例而定名额多寡，由各省按统一招生章程考送，到校还要经过一次复试，大多数的复试科目题都是用英语出的。我考进那一年，中等科的一年级已撤销，因为我来自偏僻的地区，英语基础较差，复试的结果虽未被淘汰，却被编入中等科二年级，无异于在中学重读三年，补习英语而已。

当我进清华时，恰在"五四"运动之后，中国共产党已光荣诞生并在其推动下实现了国共第一次合作，正在准备着北伐的国内第一次大革命，马克思主义已开始在全国广泛地传播，这不能不引起一般知识青年在思想上的动荡和分化，因而在清华园内，也出现了各种派别的斗争。本来清华有一种传统风气，即每年新生到校后，由最高年级的同学分别去带领，在学习和生活各方面给以照顾和帮助。当时来同我接近的有王造时和彭文应两人，他们……就在1924年春，拉拢低年级的同学十余人组织一个小团体，取名为"仁社"。当时参加的，除我和我的一个同班张远嘉（未出国前即已病死）外，还有徐敦璋（北京政法学院教授，"文化大革命"前不久已死去）、林同济（上海复旦大学外语系教授）、

附　录　朱驭欧自传（节选）

王国忠（解放前曾任河南省银行行长，解放后，听说在河南大学教书，详情不明）、张锐（号伯勉，详见后）、潘大逵（曾任民盟四川省委副主任委员等职，1957年成为右派）、贺麟（北京大学哲学系教授）、陈铨（号大铨，南京大学外语系教授）、曾庆柒（解放前夕曾任成都城防司令，因起义有功，解放初曾得到党的优待，以后就情况不明了）、王之（曾任军政部情报司司长等职，已逃亡国外）、沈熙瑞（曾任中央信托局副局长等职，已逃亡国外）、陈国沧（解放前曾任上海某橡胶厂厂长，解放后情况不明）。该社成立时，曾郑重其事在北京远郊一个古寺里采取过类似插[歃]血订盟的封建性方式，并宣誓以后要团结友爱，但并未提示什么明确的政治纲领。成立后，每隔一两周聚会一次，座谈一下国内外形势和时事，没有其他活动。第二年，王、彭二人即首先赴美留学，随后其他各年级的社员也都如此。1927年清华改为四年制的大学，旧制学生仍保有毕业后赴美留学的权利，我是旧制最后一班到美国去的。

3.1929—1936年：在美国威斯康辛大学本部两年，在该校研究院三年，专习政治，最后两年在美国首都华盛顿写作博士论文。

按照清华的规定，每人留美的官费期限只有五年，凡在期满前已考过博士初试而尚未完成博士论文者，得延长半年至一年。由于"九一八"事变后，威斯康辛大学政治系有一位教国际公法而在美国享有相当名望的教授，不断在各地讲演并发表文章，大放厥词为日本侵略我国东北辩护。到1933年更叫嚣不已，在那里的中国学生都很气愤，而我当时担任中国学生会会长，大家就共推我起稿，写了一篇文章驳斥他，措辞相当严厉。有些中国学生因为快考硕士或博士学位，不敢得罪他，主张修改一下，把语气变得和缓一点。我认为那样就会显得软弱无力，失去其应有的反击作用，遂决定用我个人的名义在本校校刊上发表。不料这一炮竟然就打响了，引起了当地教育界和新闻界的重视，许多记者纷纷来访问我，把我的相片和简历在当地的一些报纸上刊登出来了。从此以后，威斯康辛州内其他各地的许多团体也都来邀请我去讲演关于中日问题。我觉得能有机会为祖国作一些宣传工作，乃是义不容辞的。这样就不免耽误了一些学业，延至1934年暑假后才应考博士学位初试，超过官费期满只有一个多月。当时清华在美国所设的"留美监督处"已结束并撤销①，未了事宜交由驻美大使馆代办，而它对于我请求延长官费一事未能做主，只把我的申请书转到清华校本部，这样更耽误了一些时间，结果未得批准。当时在资产阶级名利观念的支配下，我把博士学位看得非常重要，觉得弃之于功亏一篑未免可惜。所以就破釜沉舟，把回国旅费领到手，暂作生活用费，跑到华盛顿，专利用藏书比较丰富的美国国会图书馆搜集资料，写作博士论文。

在那里，我结识了一些新人，其中有一个驻美大使馆的副武官名叫萧勃的，湖南人，和我有同乡关系。而他在了解我的经济情况之后，也觉得有可利用我的地方，所以见面后就对我表示好感。由于他自己的英语程度有限，他以供给我一部分生活费作为条件，要我帮助翻译他所搜集的一些有关美国军事机关和军队的编制、装备、训练和军需供应等方面的文件和资料，并替他写一篇毕业论文，以便他从当地一个美国"野鸡"大学取得一张文凭，

---

① 原文为"结束撤销"，疑中间少一"并"字。——编者注

附　录　朱驭欧自传（节选）

为他自己镀一层金，将来可以爬得更高。同样的，另一个由国民党中央党部派遣到驻美大使馆的随员名叫谢仁钊的，也愿以一定的报酬要求我替他写一篇大学毕业论文。为了能够维持生活，我当然乐于承揽下来，于是每天以大部分时间为他们工作，而以其余时间写作自己的论文。这样就拖延到1936年5月间才把自己的论文写成，赶回原所在大学应付最后一次口试，把博士学位拿到手，即和我新婚的爱人①一起启程回国了。

我在留美的七年中，除了担任过一年的威斯康辛大学中国学生会会长并参加了一些东方学生和国际学生的社交集会和活动外，没有参加任何政治组织。

二、从进入社会以后到解放时为止

1. 1936.10—1937.8：在中央研究院社会科学研究所任副研究员（相当于副教授）

我们夫妇回国时所乘坐的海轮于8月中旬才抵达上海，我们在那里停留休息了几天即到南京。一则因为我有一个婶堂兄在那里任宪兵营长，和一个弟弟在那里受训；二则急于想在那里找一工作。但刚到那里不久，就接到家信，得知我母亲病情十分严重，遂赶回去探视，同时我爱人也决定到北京去看看她的老家，于是就分道扬镖［镳］。我把我母亲接到长沙送进湘雅医院治疗，经医生检查结果，她所患是口腔癌症，已发展到脑部，为不治之

---

① 即吴文嘉，其时在美国乐顿·希尔学院（Leton Hill College）留学。——编者注

症，只不过尽人事而已。我把她安顿在那个医院之后，就由伴同而来的我的父亲和一个弟弟留在那里照顾，自己为了想很快能找到工作，又赶回南京。我除了有一些清华老同学愿意为我帮助外，没有其他什么靠山。我本希望最好能在大学里找到一个教书的岗位，但那里好几个大学业已人满，无法插足，而要在政府各部中谋得一适当位置也颇不容易。我想到北京（当时称北平）离当时国民党反动派统治下的政治中心较远，大学也多些，或许较易找到出路。而且顺便去同我爱人的一些家人见见面，并看看久别的母校也是好的，所以就决定去那里跑一趟。当时清华政治系系主任浦薛凤[①]，后来曾当过行政院的秘书长，已逃往国外，在我出国前曾经教过我半年的书，对我的印象颇好。这次见到我并了解我的意图之后告诉我说，我回国来稍晚了一点，事先又没有联系，现在各个大学都已开学，他那一系的功课也都已排定，只有《行政学》一门尚无人担任，正好符合我所学的专长。不过按照当时的通例，一个专任教师起码要担任两门课以上，如只担任一门，则只能作兼任待遇，月薪70元，未免太低，但是他表示愿意替我向其他大学想想办法。经他打听的结果，得知北京大学和燕京大学均有《行政学》那门课没有人担任，并且经过他的介绍，那两校的政治系负责人都同意聘我为兼任教师专教那门课，这样三校所提供的月薪（燕京有80元）加起来就差不多相当于当时一个副教授的月薪了。对此我是心满意足的，不过我考虑到北京冬天的气候很冷，北大在城内，清华和燕大在郊外，而当时交通还很不方便，要经常来回奔波，未免太辛苦。所以有点犹

[①] 浦薛凤，字逖生。——编者注

附　录　朱驭欧自传（节选）

豫，借口说那时已到上学期中，而我还需要转去南京一趟，把我从国外带回来而留在那里的一些新书取来，经过一番准备，到下学期开始上课较为适宜，他们也同意我这样做。

当我回到南京，会见我事先拜托过为我找事的一位有"仁社"关系的清华老同学张锐（号伯勉，当时他任行政院参事兼该院所附设的"行政效率委员会"主任委员），他告诉我说他已同中央研究院社会科学研究所所长陶孟和（解放后曾任中国科学院副院长，"文化大革命"前已死去）谈到过我的问题，后者表示可以让我到该所去，给以副研究员名义，月薪260元，负责筹备增设一个行政研究组。但限于预算，必须等待从美国在中国所设的"罗斯基金委员会"（美帝对中国进行文化侵略的重要工具之一）搞到一笔津贴才能增聘助理人员和购置需要的图书。我以这项工作既属于学术性质，又可发挥我的专长，比之在三个学校兼课好些，当即欣然接受。由于张锐在行政院所主持的行政效率委员会只是一个空有大名的空架子，他想利用我为他做点工作，装装门面，答应提供研究的资料，并且为了使我便于进出行政院，为我弄到了一张兼任该委员会委员的聘书，那实际上是一个无职无薪的空衔。

经过一段时间的摸索，就感到在国民政府那样腐败的情况下，根本谈不到提高什么行政效率的问题，而且从"罗斯基金"搞到一笔津贴之事也迟迟未得实现，以致工作无法开展，我又想转到教学方面去。至1937年4月间，燕京大学寄来了一份聘书，要我到该校去当专任讲师，月薪240元。我虽嫌其名义稍低，但我知道按照该校的规制，凡属新任教师都必须从讲师一级做起，经过两年之后，才能升为副教授，五年之后，才能升为教授，对我当然不能破例。所以我本想应聘，准备到8月社会科学研究所的聘期届满时（过去旧文教机关的聘书都是每年要发一次的）即前往。过了不久，原任清华大学数学系主任而新近被教育部发表为云南大学校长的熊庆来（云南大学刚由省立改为国立）来到我家邀请我到云南大学去任教。我本来不认识他，而他是由清华另一位以前教过我的数学教授介绍来找我的，因为他想从外面网罗一批人去做他的班底。当时我觉得云南太偏僻，交通又不便，没有肯定地答应。及至"七七"事变后，抗日战争已经开始，才决定到云南大学去的。

2.1937.9——1948.8：在昆明云南大学教书

我到云南大学后，头几年只在政治系当教授，自1941年起兼任系主任，直至（19）48年秋离开时为止。在这个时期，我还担任过以下一些大都是有名无实的职务：

（1）抗战初期，即1938年春，云南省政府奉国民政府中央的命令，成立一个所谓"云南省动员委员会"，把当地70多个所谓"社会名流"都网罗了进去，我也在其列，并被推为该委员会的秘书长。因为我是首先从外省到那里去的一个青年教授，颇为引起注目。但是，该委员会开了一个成立大会，通过一些空洞的决议案以后，即烟消云散，根本没有起过什么作用。

（2）大概是在1938年冬季，伪云南省政府曾举行过一次县长考试，聘我为典试委员之一，即监考和阅卷，略有报酬。

（3）1939年或1940年（确切时间记不清楚了），教育部曾在昆明举办了一次中小学教师暑期训练班，因其主持人是我县的一个小同乡，曾聘我为"公民学"教师，送了一点"车马费"。我所讲授的内容大体上就是贩卖了英美资产阶级的所谓"公民学"那一套货色，无形中为国民党反动派推行法西斯教育效劳。

(4) 1941年春，"国民外交协会"在昆明成立了一个分会，聘我为五个理事之一，以当地的一个大财阀缪云台为理事长。他召开了一次成立会，在会上竭力为国民党反动派投靠美帝的丧权辱国的外交路线涂脂抹粉，并鼓励各理事为争取"美援"多做宣传工作，但事后并未采取任何实际行动，也未再开会了。我为了炫耀自己，也曾经把这个空衔印在自己的名片上。现在想起来真觉可笑又可耻。

(5) 1941年冬，云南大财阀缪云台为了要提拔当地出身于另一个贵族家庭并在美国留学回（国）不久的一个人，名叫袁向耕的（他的父是满清的状元，他的哥哥是当时云南省政府的秘书长[①]），特地在他所控制的云南省经济委员会增设一个设计处，以袁向耕为处长。后者为了抬高自己的地位，又以相当优厚的报酬和兼职的名义拉拢西南联大和云南大学的几个教授去为他装潢门面，其中有我在内。该处分设经济、统计、行政和总务四组，前三者由西南联大的教授伍启元、杨西孟和我以该经济委员会委员的名义分别负责领导。第四组则由原有的一个干部负责。各组做实际工作的助理人员都是由我们从两大学已毕业的学生中自行

[①] 指袁嘉谷和袁丕佑。袁嘉谷（1872—1937），云南石屏人，字树五，号树圃，1903年经济特科状元，是云南历史上唯一一位科举状元，是云南地方文化名人，曾在东陆大学执教十余年。袁丕佑，袁嘉谷次子，生于1893年，1917年毕业于燕京大学，1922—1925年留学美国宾夕法尼亚大学，归国后先后任大陆大学图书部主任、云南省政府秘书长、代理民政厅厅长、云南省政府委员等职务。——编者注

选拔、推荐去的，而我们每周只去一两次打个照面罢了。事实上，我们那三个组分别曾经制定了一些研究计划，并到该经济委员会所管辖的昆明两个纺织厂作了一些调查，但并没有搞出什么成绩来，而且在当时的情况，也不可能搞出什么成绩来。所以过了半年多，该设计处就告撤销了，而袁向耕本人不久后也忽然患脑充血死去了。

（6）1946年春，卢汉随着龙云垮台而上台，出任云南省政府主席。他也想装饰一下门面，邀请了云南大学一些教授和当地一些名流，组成一个所谓"云南建设委员会"，我也在被邀之列。但在他招待我们吃了一顿饭之后，即未见再有下文了。

此外我还提供股本，在昆明开设过一些餐馆。经过的情形大致是这样的：

1939年秋，我有一个在农林部工作的清华老同学，名叫顾谦吉的，从西康一带考察森林资源来到昆明。我和他以前本来不很熟悉，但由于当时在那里的清华同学还不多，故彼此见面后就亲热起来。一天下午，他来到我家聊天，说他对政府工作感到有点厌倦，想脱离，自己另谋出路，问我在昆明有什么工商业可以搞的。我说我到那里也还不久，对当地情况并不熟悉，只是感到那里还没有设备比较好的餐馆，而且本地人所开的餐馆大都要到上午十时以后才开门营业，有时要找一个吃早（点）的地方都找不到，对外省人来说，很不方便。他马上说，那末我们不妨来搞一个餐馆试试看，目的不一定要赚钱，只要能够维持开销，为我们这类人提供一个三朋四友可以聚会消遣的舒适地方就行了。我说这事谈何容易，他说只要能在一个（合）适的地点找到一个铺面，其余的事可再慢慢地筹划。当天他在我家吃了晚饭以后就约

附　录　朱驭欧自传（节选）

我出去逛街，刚走到离云大不远的一个三岔路口，见到有一座新盖成的铺面楼房，我们顺便进去察看了一下，尚适合开设一个小规模的餐馆。他就立即向房主把它定租下来。关于资金问题，他说他的钱掌握在他老婆的手里，她很快就要来，当可解决。过了一些日子，他从一个朋友得知有一个广东人从香港带来了一整套西餐家具和一个西餐厨师，本想自己开设餐馆的，但因找不到适当的铺房，愿意转让。他认为是个好机会，要把那套家具和厨师一起承揽下来，但他的老婆却还迟迟未到，于是提议我们两人分别向各自的熟人中拉股。结果，我除了向云大和联大的熟人中拉到了约半数的股份（每股 300 元）外，把我爱人的一架英文打字机卖去，自己也凑了两股，其余股份都是由他负责搞来的。这样一个定名为"五华西餐馆"的筹备工作大致就绪，只差一个适当的管理人员了。他要我推荐，我一时想不到有什么人可以担任这一角。正当我们说论这个问题时，我爱人说她有一个二哥，五十多岁了，能说几省的方言，也懂点英语，为人很随和，不论去到哪里，和群众的关系都搞得很好。只是不善于逢迎巴结，在旧官场中混了几十年，官级越来越低，最后被调到湖北老河口邮电局工作，不很得意，也想到昆明来另找一点小事做做，平安地渡[度]过他的晚年就算了。顾马上表示说，他很适合当经理，就请他来吧，于是要我爱人把她二哥的姓名和通讯处开给他，当天他自己用我爱人的名义发了一个电报给她二哥，叫他尽快启程前来。但是在他来到之前，顾有一个老部下从上海逃来昆明，顾就叫他暂时代替经理先把餐馆开起来，而顾的老婆也随即到达了。她最初对开餐馆本不很赞成，但后来看到餐馆内部布置得还不错，而且在开幕后最初一个时期营业也很兴隆，她于是就想把它一手抓过去归她操纵。我爱人的二哥因当时一路交通不便，在餐馆开幕后一个多月才到达昆明。我以前本来没有见过他，见面后觉得他虽是一个老好人，能力却不高，未必能胜任那个西餐馆的经理，尤其是因为已察知顾的老婆已别有企图，怕他进去人事关系搞不好，劝他不要就职。但他不以为然，而顾以有诺言在先，为了敷衍他和我们夫妇的面子，仍叫他去当经理，而以他那个老部下为副。果然，在他就职以后，顾的老婆就从中百般刁难，使得他很不好处。结果，餐馆因内部闹意见，影响营业，过了半年多就垮台了。

在那个西餐馆结束之后，我爱人的二哥以其年龄和能力，一时很难找到其他工作可做，而我们也不能长期担负他的生活费用。同时我湖南老家村子和附近有十几个青壮年农民被反动派抓壮丁编入"国军"开赴云南河口（和越南毗连的地方）。经过昆明时，因知道我在云大，就设法逃脱，跑到我那里来求援，弄得我无法应付。恰巧在云大附近的北门街有人盖了一排一楼一底的铺面房子，我就把它全部租下，以两栋分租给联大的几个教授住家，自己留了一栋，把家眷迁到楼上去住，在下面开了一个小吃的中餐馆，命名为"家庭食社"。其资金来源则是由我爱人和他的二哥写信向他们分散在全国各地工作的其他兄弟姐妹（他的兄弟姐妹很多）征集来的，其余不够的一部分则是我们自己凑成的。餐馆由我爱人的二哥管理，从湖南来的那批青壮年充当茶房（即现在的服务员）和助厨，只请了两个厨师就把餐馆开起来了。这样既安插了一批人，解决了一个大问题，又对云大和西南联大两校的许多学身［生］、教职员提供了一种方便，曾获得了好评。但不知内情者总以为那个餐馆完全是我们夫妇开的。在头一

附　录　朱驭欧自传（节选）

年中，餐馆营业还算不错，收入足够一切开销。但后来因空袭警报越来越多，几乎每天大部分时间都不能营业，就开始亏本了。当时我有两个年幼的小孩和一个侄女，而我爱人又小产了一次，因感到成天跑警报，受小孩们的拖累，身体不支，遂率小孩们回到我零陵老家暂避。我那村子里和附近被抽壮丁来的那批人，有的把工资和分得的小费积累下来已足够路费，也跟着回去了，剩下的一些人仍勉强维持那个餐馆。不久，我爱人的二哥另外找到了一项工作，就由我一个新从"国军"部队退下来的同族堂弟接管。为了节省开支，另在附近租到一个较小的门面，把餐馆迁移过去，而把空出来房子除了在楼上留了一间作我自己的住房外，就全部让给李公朴和联大教授燕树棠住家。李公朴还在楼下辟了一小间，开设一个书店，推销进步书刊。

大概到了1941年夏季，上述餐馆实在不能维持下去了，不得不结束。结果几乎全部本钱都已赔光，只剩下一些旧家具了，不过我全家在餐馆搭伙一年多没有另付钱，多少还是占了便宜的。

随后，我又帮助那些留下的同族和同乡人在昆明市中心区找了一个门面，利用原餐馆旧家具并凑了一些资金，让他们开了一个取名"耀湘园"而带有湖南风味的面食馆，直至抗战胜利后才结束，营业始终不算差。我除了经常到那里免费吃面点外，还分得了一部分红利。

以上就是我参与开餐馆的经过。

……

抗战胜利后，我看到蒋匪帮一方面与中国共产党搞假和平谈判，另一方面大肆调兵遣将，拼命抢夺胜利果实并撕毁谈判协定（即"双十协定"），积极准备发动大规模的内战。而昆明学生

抗战时期云大政治系教授文集（朱驭欧卷）

和进步教师在党的领导下，所掀起的"反内战、反饥饿、反迫害"的运动也迅猛地高涨起来，我也改变了我以前那种左右摇摆的态度，毅然于1946年春参加了中国民主同盟。接着"李闻惨案"发生，即民主人士李公朴和闻一多被杀害，其他一些领导学生运动的头面人物如楚图南（当时是地下党员以民盟盟员的身份出现）等都被迫离开昆明，西南联大原有三校的师生员工也纷纷北迁。民盟组织上以我尚未暴露身份，要我以后对学生运动多负点的责任。尽管那时我还有点胆小怕死，加之胃病时常发作，未敢也未能积极活动，但由于云大正成为昆明学生运动的中心，有时学生们邀我去讲演或参加他们的座谈会，我不得不抛头露面。而暗中也常有地下党员和民盟组织所指派的人员常和我联系，于是就渐渐引起国民党反动派的注目。到1948年夏季，昆明学生运动达到了最高潮，大部分大、中、小学生中的急先锋都集中在云大并在那里的一所大楼修筑了防御工事，准备反抗反动军警的镇压。反动当局采取了软硬兼施的反革命两面手法，在再三诱骗学生解散、各归原校复课参加考试失败之后，遂于6月中旬一个深夜，悄悄地派遣全副武装的伪军警将云大和其他两个学生据点层层包围封锁，由于我有一个族侄在伪云南警备司令部当警卫营营长，得知此事并看到黑名单中我的名字被列在首位，当夜两点多钟派了一个和我有表亲关系的士兵通过包围圈，在我家的住宅靠近的地方爬围墙进来向我通风报信，要我赶快设法逃走。但我伸头帘外探望了一下，看到我住宅周围的围墙外面已布满军警，无法潜逃。只得保持镇静，坐待事态的发展。第二天黎明，伪军警即吹冲锋号从四面八方向校园内进攻。学生因事先早有准备并随时都在保持警戒，马上集中到做好防御工事的大楼屋顶上，用

附 录 朱驭欧自传（节选）

石灰和石块等与前来进攻的伪军警对抗，使之难于迫近。而且，因楼梯已经切断，他们也无法上去。反动派因为害怕造成流血惨案，更加激起学生和广大人民群众的怒火，不敢命令伪军警随便对学生开枪射击，只不断向天空放枪以示威胁而已。学生们根本不理他们那一套，曾坚持了三个昼夜。最后由于储备的粮水均已用罄，才不得不下楼来。事先伪云南警备司令何绍周和伪云南省政府主席卢汉虽亲自到场假惺惺地保证学生们的安全，但学生们一下楼来，就被捕走了数十人，而且此后伪军警在外面还到处搜捕。在那三天三夜的白色恐怖中，伪军警曾荷枪实弹并架起了机枪对我的住宅实行严密的监视，但并未进入骚扰。不过据一些被捕而较快得到释放的学生说，伪军警在审询［讯］他们的当中，曾一再问起他们和我的关系。过了不久，伪云南警备司令何绍周还传询［讯］了我一次。他表面上装得很客气，实则企图诱迫我交出组织关系。我否认自己已加入任何党派，婉言加以拒绝，也就勉强应付过去了。接着，云大校长熊庆来私下通知我，伪教育部以我不时发表污蔑"党国"的言论，密令他将我解聘。他念我在云大服务也有十年之久，又对我颇有好感，觉得那样做对不起我，所以表示可以根据当时一般大学的例规，让我带薪休假一年。假使我愿意出国，他还可给我以考察名义，设法为我弄到一张护照，让我到印度去一趟，否则，也劝我暂时转到其他地方避避风色［头］。那时我看到全国的解放正为期不远，觉得不应为自己的安全随便跑到外国去，但在国内，因有家眷拖累，一时尚不能投身解放区，而又想不到有什么其他适当的地方可走。正在犹豫难决之际，忽然接到从四川大学一位原来并不十分熟悉并且从来没有过联系的清华老同学张国安的来信，说那里政治系缺人，已向该系系主任兼法学院院长推荐我，受到欢迎，问我是否愿意应聘。我觉得这样转移一下或许有好处，就立即回信答应了，而聘书也就随之寄到。我遂只身动身前往，把家眷们暂时留在昆明。

3.1948.9—1949年底：在四川大学当教授

我由昆明到川大途经重庆，曾从潘大逵（当时任重大法学院院长）得知川大有我的一位清华老同学谢文炳（详见前）是地下党员，以及那里民盟组织的负责人的姓名，所以到那里后就和他们联系上了。当时川大校长黄季陆本是一个国民党党棍。但由于国民党的极端腐败，他对我的政治面貌并不清楚，反而表示很器重我的样子，有求必应。我在表面上同他虚与委蛇，1949年就把我的家眷接来并设法把我爱人安排在该校外语系教学。随着解放战争的迅速进展，谢文炳和川大民盟负责人等常约我同他们一起到城内一个盟员家里开秘密会议，商讨如何开展活动以迎合解放军南进，（还）曾在川大发动过罢教、罢课运动。

三、解放以后到"文化大革命"以前

1. 1950.1—1952.9：仍在川大任职

原川大校长在解放前夕已逃往国外，解放初，川大在军事代表领导下实行改组，成立临时校务委员会。我被聘为委员之一兼政治系主任并暂代法学院院长，曾主（持）成都各界代表大会，并担任高教工会筹委会委员兼秘书长。1950年底被川大指派同另两个组员（一是川大中文系讲师，另一位是外单位的）到华北革命大学学习了一年。在那里，曾担任班学习委员会主任委员并

附　录　朱驭欧自传（节选）

在校庆大会上代表全体学员致祝词，至 1952 年才结业。因为我有个弟弟 1937 年底即参加革命，解放后才同我取得联系，得知他染患严重的肺病，在南京高干疗养院疗养，所以我在华北革大结业后曾绕道到南京去探望他，并顺便到上海去看了一下才转回川大，到校时已是二月中旬，随即参加学校的"三反"运动，担任全校学习委员会委员和法学院工作组及公物交出工作组组长。之后，又参加校内思想改造运动，担任全校学习委员会委员兼法学院学习分委会主任委员，并于 8 月间到重庆参加西南文教委员会高教部所召开的院系调整会议。10 月间，西南区各大专院校的政治系和法律系合并到重庆西南革命大学，我即负责率领川大政、法两系全体师（生）前来。

2.1952.10—1957 年底：在西南革大和西南政法学院工作

西南革大原拟改为象［像］北京人民大学那样性质的一个大学，将西南各大专院校合并来的政法系作基础，成立一个法律系，但未得中央批准，然后才成立西南政法学院的。

西南各院校会并到西南革大之后，除少数助教参加教学工作外，其余教师在校领导下成立一个学习小组，由我任组长。至 1953 年春①，西南政法学院也筹备就绪，宣告成立。我被选为沙坪坝区人民代表，同时院领导要我担任图书室主任并参加党史教研室的教学工作。同年 8 月间，被指派到北京人民大学法律系进修"国家与法通史"，1955 年暑期结业返校，于秋季开学时即在国家与法教研室担任那门课的主讲，仍兼图书馆主任。因为那时学校已由化龙桥迁到烈士墓新校址，图书馆的建筑也已落成。此

---

① 西南政法学院成立于 1953 年，原文作"1954 年"应是笔误。——编者注

外，我还被选为本院教育工会副主席，第二年改任主席。1956年，我曾到北京参加高教部所召开的全国秋季学校图书馆工作会议，56年还被（选）为重庆市政协委员。

朱驭欧在民主运动中的二三事

——为纪念朱驭欧而写

吴文嘉[1]

正当白色恐怖笼罩着昆明大地时,朱驭欧怀着无比愤怒的心情,于1946年3月参加了民盟。也就在那年的夏天,美国派遣特使马歇尔来华"调停"国共争端,实则偏袒蒋介石,为蒋撑腰打气,妄图迫使中国共产党就范,并准备发动大规模内战。当时在昆明的西南联大和云南大学有二十几位教授,激于义愤联合向马歇尔提出抗议。抗议书由曾在云南大学历史系任教的地下党员尚钺教授拟就后交给我爱人朱驭欧,按照尚钺同志的指示拿去请有关的一些教授签名。闻一多同志在签名时得知英文稿是我爱人写的,还给予嘉许,说用语很恰当。

此后不久,朱驭欧就到南京上海一趟,得以亲聆民盟总部领导人沈钧儒、周新民等同志的教诲,使他对当时国内政治形势了解得更加清楚。返昆时民盟总部曾将一些秘密文件给他带回给民

---

[1] 吴文嘉(1908—2007),朱驭欧先生的夫人,晚清外交家吴锜之女。国立北京女子师范大学毕业后,留学美国乐顿·希尔学院(Leton Hill College)社会学系,获文学学士学位。曾任云南大学、四川大学、西南政法学院外语系副教授。——编者注

盟昆明支部。

1941年日机疯狂轰炸昆明时，我带着一个三岁和一个五岁的孩子回到我爱人的老家湖南零陵暂避。恰好李公朴同志来到昆明，经潘大逵同志的介绍，驭欧便将原来在北门街租赁的一栋房子的大部让李家分住，潘大逵和他自己各保留一间作为住处。从此李公朴同志就利用楼下一间空房开设了一个书店取名为"北门书屋"，专门销售一些进步书刊，对革命曾起了一定的宣传作用。

到了1945年，国共谈判之濒于破裂，蒋介石开始发动内战。在共产党的领导下，蒋管区各大城市掀起了声势浩大的反内战、争民主的学生运动。昆明学生更是一马当先，竟遭到反动当局的残酷镇压，四个学生被伪军警杀害，这就是昆明"一二·一"事件。继而李公朴、闻一多两位教授在1946年夏天相继被暗杀。

我记得李公朴夫妇头一天下午还在圆通街我家谈天，他对我们说他一生为民主，不料第二天晚上就被特务用无声手枪杀害。第二天我们夫妇怀着沉痛的心情到云南大学附属医院去瞻仰他的遗容，见他的遗体躺在洁白的病床上，真是为民主虽死犹生。接着不久，闻一多同志就在云南大学的操场上①为李公朴同志的追悼会上的讲演中，痛斥国民党反动派，要特务站出来。散会后不久，闻一多同志虽然在他的儿子闻立鹤保护下，（但）快要到宿舍家门时，又被特务枪杀了。当时我的爱人虽然还没有暴露他自

---

① 此处回忆有误，闻一多在李公朴追悼会上的演讲（即《最后一次演讲》），系在云南大学至公堂举行。——编者注

己的身份，但是，听说他已被反动军警当局列入黑名单之中，而他仍不顾风险，积极参加了李公朴同志的丧事和李、闻两同志的葬礼。在为闻一多同志举行公祭的那一天，还写了一付［副］激昂慷慨的挽联。其词曰：

　　终身为民主，只凭赤手空拳，奋斗到底，舍身取义，耿耿丹心照日月。
　　大声呼和平，不怕明枪暗箭，勇往直前，视死如归，昂昂正气撼乾坤。

这付［副］挽联挂在祭堂正中，仅次于云南大学所送的一付［副］挽联的位置。

至1948年夏，又发生了北京大学女生沈崇被美军强奸的事件，这就更加激怒了全中国人民，于是各大城市的学生又掀起了反蒋反美的浪潮。当时西南联大已解散，其组合部分的北（京）大学、清华大学和南开大学已迁回原来的校址，所以云南大学就成了昆明学生运动的中心。6月初，当全市各大、中、小学均聚集在那里，准备举行一次大规模的抗议示威游行时，当地伪军警勒令他们解散，他们置之不理。及至学生们列队从云南大学出发游行时，反动当局派了大批全付［副］武装的军警，架上机枪，扼守校门，企图加以阻止，但学生们不畏强暴，仍然勇敢地冲出，举行了声势浩大的游行。沿途当然受到伪军警的监视，游行结束散队后，伪军警即在各个街口拦截，并冲进一些中小学搜查，大肆逮捕，共抓去师生七十多人，禁闭在伪云南警备司令部，施以刑讯，听说有些人还受到电刑。

抗战时期云大政治系教授文集（朱驭欧卷）

　　为了营救被祸师生，昆明大、中、小学全体学生重新聚集起来，以云南大学为大本营，另在附近的南菁中学和昆明师范学校设立两个辅助据点，宣布无限期罢课，以示抗议。并推举代表，要求伪云南警备司令部无条件地释放被捕师生，而代表中又有一些人被扣留，伪云南警备司令部反而伙同伪云南省政府勒令学生解散，回原校复课，学生们坚决抗拒，继续斗争，遂成僵局。最初，当地反动派只派了一些伪军警将学生们所设的三个据点加以封锁，不让学生出入，同时又用威胁、利诱的办法企图瓦解学生的队伍，未能得逞。学生早（已）料到反动派当局最后势必要使用暴力。故在三个根［据］点利用楼房，做了一些防御工事，在顶楼积聚了大量石灰包、石头和瓦块作为武器，并将原有楼梯拆除，代以随时可用的灵活竹梯，并准备了相当大量的干粮和饮水。果然，至8月12日深夜，反动当局加派了几千名伪警察，有的荷枪实弹从我们所住的围墙上跳下来，并在我家和对面的秦钻①家的外面巡逻，加以监视。当时我心里很害怕，以为这次朱驭欧是逃不脱了，急切中，我将他的盟证放在了柜子的后面。接着，我就问他，如果他被捕，我怎么营救他？他虽然镇定，但并未作答。其实，这次伪军警的目标是学生的三个据点，最终将这三个据点层层包围，13日凌晨越墙冲向学生筑了防御工事的楼房。学生事先闻讯，奔上楼顶，严阵以待，一俟伪军警接近据点，即敲击脸盆助威，声达全校，并往下投掷石灰包和砖石，展开抗击战斗。由于南菁中学和昆明师范学校两个据点比较薄弱，很快就被伪军警攻破。

---

① 原文如此，应为秦瓒，时任云南大学经济系教授兼系主任。——编者注

附　录　朱驭欧在民主运动中的二三事

当时南菁中学校长的爱人魏老师便躲在我家，我留她多住几天，她怕连累我们，就悄然离去。只有在云南大学设防的三层教学楼房①相当坚固，并且建筑在一小山坡上，居高临下，易于防守，故伪军警多次向之冲锋，均被击退，于是形成僵持的局面。但是经过数日，学生所准备的干粮和饮水均将告罄，已（濒）于饥饿的边缘，当见到云南大学教职工走过楼房时，便丢下纸条，请求云南大学教授们设法营救。当时昆明所有的重要盟员和地下党员都已被迫他去，只留下云南大学中文系教授兼校长办公室秘书、还未暴露地下党员身份的徐梦麟和地下盟员干部冯系绸②两同志负责各方面的联络工作。他们也已料到学生所处的困境，故由徐梦麟同志拟就一项向各界呼吁的公开信，希望社会舆论声援学生的正义斗争，并向当地反动当局施加压力，要求他们无条件撤退军警，让学生自由下楼并保障他们的安全。他暗中将拟好的公开信稿送交给我爱人，要他邀请住在我家对面的一位无党派进步人士秦钻［瓒］，当时是云南大学经济系教授兼系主任会同出面，挨门挨户请求各教授和副教授签名。有些人虽然是很反动的，但碍于情面，也勉强签了名。

反动派当局为了缓和一下紧张局势，也想利用这一时机来转弯，故最后云南警备司令何绍周和伪云南省长卢汉亲临现场，并准备了大量的稀饭和馒头假惺惺地说是来慰问被围的学生，并劝

---

① 指云南大学会泽院，原有两层，抗战时期加建了第三层，"七·一五"爱国民主运动时成为云南大学学生的据点。——编者注
② 原文误排，应为冯素陶。——编者注

他们赶快下楼来，只要不再闹事，一定会保证他们的安全。学生迫不得已只好下楼来，殊不知等他们下到底楼时，伪军警即借口有些歹徒混进学生队伍，就闯入逮捕了一些他们认为是为首的学生，并对云南大学底楼物理、化学和生物三个实验室的仪器设备任意捣毁，损失很大。这就是有名的昆明"八·一三"事件。

接着，伪云南警备司令何绍周把我爱人叫去传讯，表面上对他似乎相当客气，实则想诱骗他交（待）出组织关系，他矢口否认有任何政治组织关系，当即声明他的一切言行均由他自己负责。于是何绍周就对我爱人说："你既然没有参加任何党派，就请你在报上登载一则启事，以表明你的身份。"他回答说："我既然没有参加任何党派，就没有必要发表声明了。"何绍周见他很硬，也无可奈何，只好说："你回去好好想想吧。"过了不久，伪教育部即密令云南大学校长熊庆来将徐梦麟、秦钻［瓒］和我爱人三人解聘。

熊庆来和朱驭欧素有一定的私交，那天晚上就悄悄地到我家来，将此事告诉他，并说："你在云南大学已经任教十年，照例可以休假一年，如果愿意的话，我可以与印度一些大学联系一下，你可否就到那里去讲学？不然的话，你暂时离开昆明到别处去躲避一下。"当时我爱人认为共产党领导的解放军已开始进入反攻的阶段，不久全国即可获得解放，在这样大好的形势下，他觉得不应当为了个人的安全，随便逃往外国；而且有家室之累，也难于脱身。他原来有个胞弟在抗日战争时期就参加革命，虽不时以假名和其兄通信。本想借此机会潜往解放区，但又不知如何与他的弟弟取得联系，况且当时也说他是共产党的外围。正在进退维谷之际，忽然接到四川大学一位清华老同学的来信，说川大

附　录　朱驭欧在民主运动中的二三事

政治系缺乏师资，他已向川大的校长、国民党在四川的一个大党阀黄季陆推荐了朱驭欧。他心想："川大同在蒋管区，伪教育部未必让我在那里立足。"但同时他也考虑到："各地国民党党、政、军和文化机关，都是各自为政，往往互不通气。黄季陆既然对我表示欢迎，很可能他不知道我的身份，不妨前往一试，万一在那里站不住脚，还可另找出路。"果然，他一到川大，黄季陆就把他当作所谓"名教授"看待，照顾也很周到。他也故作镇定，虚与委蛇，以资应付。当他路经重庆时，正在重庆大学任教的潘大逵同志把川大民盟支部一些人如彭迪先、王道容等都告诉了他，其中还有兼地下党员和盟员双重身份的一位清华老同学谢文炳。所以他一到川大就很快取得组织上的联系，经常和他们在一起进行秘密会议，商讨如何配合革命形势的发展采取一些具体行动。曾经以伪法币急剧贬值、物价飞涨，使各级学校的教师所得的微薄的薪金不足以维持生活为借口，策划在川大发动了一次罢教、罢课的运动。

就在这时，川大有一位学生，自称为湖南人，经常与朱驭欧攀同乡关系，来到我家作为家庭的客人，并和孩子们玩得极为亲热。在成都解放前夕，即发现时有人在我家四周盘旋，使我们怀疑。谢文炳同志也叫我们多加小心，因此，朱驭欧的住处就不得不随时变更，殊不知成都刚一解放，这位同学穿着很漂亮，坐上小汽车又出现在我家，看见朱驭欧不在家，就要带我们两个大孩子去玩。当时，我的警惕性不高，就让他带去了，走后不久，我忽然想起此人鬼鬼祟祟，形迹可疑，我的孩子会不会发生意外？心里一直都在着急。幸好，黄昏后，他把孩子送回来，并把一包东西寄存我家，他匆忙地离开了我家。等他走后，我一拿包袱，沉甸甸的，原来是一包武器。当晚，朱驭欧即密告驻川大的军代表，并将包袱送去，我想此人一定是特务。

解放后不久，枪杀李、闻的凶手捉拿归案，在万人公审大会上，朱驭欧在台上声泪俱下地控诉了特务的血腥罪行。一时人心大快。解放初，由于美帝支持南朝鲜李承晚傀儡政权发动大规模的侵朝战争，随后又侵入我东北领空，向安东等城市滥施轰炸和扫射。成都军管会文教局及时动员成都各大专院校的教师联名向美国总统杜鲁门提出强烈的抗议。前后两次的抗议书都是军管会文教局通过驻川大的代表叫朱驭欧写的，经过征集各院的教师的签名才发出去的。

朱驭欧的一生是追求光明的一生，解放前既没有被国民党、团拉去（当时拉他的人是相当多）而兢兢业业从事革命工作，被国民党认为他是共产党的外围；而解放后也没有因被错划为右派而丧失革命的信心，他一直没有动摇过紧跟党到底的信念。我们的党是伟大、光荣、正确的党，终于拨乱反正，使冤假错案得以平反，也使得我的爱人得以重见党的阳光。这温暖和煦的阳光又重新照耀着他前进。不幸的是，他已重病在身，虽想竭尽棉[绵]薄为"四化"贡献他的余生，但已病入膏肓，无能为力，在最后一息尚存，说话已经不清楚的时候，还口念一诗，要我写下。但他只是讷讷有词，我听不清楚他说什么，他只有做手势，要我拿笔给他。他已经写得不成字了。我根据他所划的杂乱不成体的字，依稀可以辨出是下列几句：

> 半生耽误堪叹息，犹效春蚕吐尽丝。
> 奈何病魔缠身紧，壮志未酬力已驰。

附　录　朱驭欧在民主运动中的二三事

当时我哀痛欲绝，知道这首绝命诗写完后，他将不久于人世，果然不到一月，他就溘然长逝了。临终时，还念念不忘我们两个受株连而得精神病的双生子。我忍泪告诉他放心安息吧，我已作了一切安排。

原文刊于《四川盟讯》1984年第3期

关于朱驭欧同志错划为右派分子的改正结论

朱驭欧，男，75岁，湖南零陵县人，家庭出身地主，本人成分自由职业。1957年"整风""反右"后被重庆市委批准为"极右"分子，撤销一切职务，降级降薪，由高教三级降为高教八级，调资料室工作。1975年摘掉右派分子帽子，1978年退休，现住西南政法学院杨家山。

1920年朱于北京清华大学毕业后，留学美国威斯康星大学，并取得政治学士、硕士、博士学位。1936年回国后，任南京中央研究所［院］社会科学研究所付［副］研究员兼任行政院行政效率委员会委员，云南和川大法学院政治系教授、政治系主任，云南省考试委员会、建设委员会委员，成都教育工会筹备委员（会）秘书长。1953年随院系调整来西南政法学院国家与法权理论教研室任教授，兼图书馆主任，民盟西南政法学院支部主任委员等职。

根据1957年中央"关于划分右派分子的标准"和中央［78］55号文件精神，对朱驭欧被划为右派分子进行了认真的复查。

复查情况：

他认为原结论称：朱反对中共中央与国务院发布联合指示，主张取消党委制，认为是"党政不分""以党代政"。经查实：这个问题是朱平时在报纸上看到党中央和国务院联合发布指示和通

附　录　关于朱驭欧同志错划为右派分子的改正结论

知时，他认为党委领导下的校院长负责制，党委是党的组织，党和行政应分开，不能越俎代刨［庖］。对内对外都是校院长出面，不是党委出面，是削弱了党的领导，他的这种看法，当时给教研室的个别同志都谈过。此后，鸣放时，他在教研室和民盟组织的座谈会上，又把这个问题当作他思想上弄不清楚的问题提出来。我们认为朱当时在院刊和弁［辩］论会上发表批判储安平的党天下和董时光的反动谬论来看，朱是拥护党的，反对取销［消］党委制的。同时，朱的上述这些看法也不是（要）取消党的领导，基本上是正确的。

原结论称：朱反对院系调整方针，提出"撤院并校"，主张煽动学生起来逼迫高教部，企图达到搞垮学校的目的。经查实：这是56年朱在教研室讨论司法部"十年远景规划"会上说的。当时他提出综合大学师资强、物资丰富、图书资料多，搞科学研究有条件，单科院校底子薄、经费少，搞科研无条件，因此他提出我院应合并到综合大学成立法律系。当时我院校刊也报导了教研室座谈的这一情况，在鸣放时，部分学生提出"撤院并校"的要求，与朱没直接关系。我们认为朱在讨论会上发表自己的看法是正常的。

原结论称：诬蔑中央和地方对政法科学的看法是"强调了政治性，忽视了科学性"。认为党对旧知识分子"歧视""粗暴"，说思想改造运动"不是说服而是压服"，主张旧法人员"归队"。经查实：关于朱说中央和地方对政法科学的看法是"强调了政治性，忽略了科学性"问题，这是朱对57年以前，针对学校劳动多、读书少，他认为大专院校应该以搞科学研究为主，不应过多搞劳动而提的。朱的这一看法属于正常意见。关于朱说党对旧知识分子"歧视""粗暴"的问题，这是朱在57年以前与教研室个别教师闲谈时说的，主要是朱1951年在川大的思想改造中，对他当时做过二次检查过不了关有意见。从他在鸣放时在院刊发表的"展开争辩、明辨是非"的文章证明朱是拥护党对知识分子改造的。关于朱说旧法人员归队的问题，本人一直不承认，现也查无实据。

原结论称：反对党"为工农开门"的方针，对党团员和工农干部在高等学校工作与学习大为不满，认为他们"陌生""不懂业务""文化水平低"，企图将他们排斥出学校，同时恶毒攻击党的建党工作，诬蔑党所发展的都是些"老好人""没有主见的人""捧上欺下的人"。经查实：这是朱对我院个别负责总务的干部有意见，认为他不懂业务，没有常识，搞不好学校的总务工作，但未对其他工农干部发表过评论。关于朱对党员的发展工作看法问题，是他对新吸收的党员有不同意见，这是正常现象。

改正意见：

朱驭欧同志拥护党，拥护社会主义，"鸣放"中没有右派言论。根据［1978］11、55号文件精神，属于错划，应予改正。撤销原处分决定，恢复政治名誉，恢复教授职称，恢复高教三级的工资待遇。根据四川省委规定，工资应从78年10月份起发给退休金。

中共西南政法学院委员会（印章）
1979年元月20日
同意上述结论。朱驭欧
1979年2月3日

朱驭欧生平大事年表（1904—1982）

1904 年　出生
　　1月19日（农历癸卯年腊月初三日），出生在湖南省零陵县乡村的一个中医家庭。

1909 年—1912 年　5—8 岁
　　于本村私塾接受中国传统启蒙教育。

1912 年—1915 年　8—11 岁
　　就读于本村初小。

1915 年—1918 年　11—14 岁
　　在本乡文昌宫高小求学。

1918 年　14 岁
　　9月，考入零陵湖南省立第六联合中学。

1921 年　17 岁
　　7月，从零陵湖南省立第六联合中学毕业，到长沙市省教育厅报考清华学校留美预备班，考试成绩优异，成为当年清华学校在湖南省录取的三名学生之一。

9月，进入清华学校中等科二年级学习，主要课程为英语，为留美准备。

1924年　20岁

4月，担任清华学校评议部德育委员会委员。

1927年　23岁

清华学校改办四年制大学，成为最后一班毕业即可赴美留学的旧制学生。

冬，与同学林同济、潘大逵等人加入由王造时、彭文应等人组织的清华学校学生社团"仁社"，参加由该社团定期举办的国内外形势和时事座谈会。

1929年　25岁

从清华学校毕业，赴美国威斯康星大学留学，攻读政治学专业。

1931年　27岁

春，在威斯康星大学加入美国政治学会，成为会员。

1933年　29岁

获威斯康星大学学士学位。因撰文驳斥为日本侵略中国东北辩护的威斯康星大学政治学系著名教授，引发当地教育界和新闻界关注，受邀到威斯康星州各大学及团体就中日问题演讲，揭露日本在东北的侵略本质。

1935 年　31 岁
获威斯康星大学硕士学位。

1936 年　32 岁
5 月，完成博士学位论文。与吴文嘉女士结婚。

6 月，博士学位口试结束，获威斯康星大学博士学位，启程归国。

8 月，抵达上海，往返于京沪宁各大高校间谋求教职，因各高校教职已满，未果。

10 月，在清华同学引荐下，担任中央研究院社会科学研究所副研究员并兼任行政院行政效率委员会委员，负责筹备创办社会科学研究所行政研究组。

1937 年　33 岁
7 月，抗战爆发，决定接受云南大学校长熊庆来之邀，准备赴滇任教。

8 月，中央研究院社会科学研究所聘期届满，从该所离职。

9 月，抵达昆明，正式担任云南大学政治经济系教授。

1938 年　34 岁
2 月，担任云南省总动员委员会秘书长，兼设计委员会行政效率组委员秘书长。

冬，受聘为云南省县长考试典试、襄试委员。

1939 年　35 岁

与清华同学顾谦吉于开办"五华西餐馆",补贴生活,营业约半年。

1940 年　36 岁

租赁北门街房屋一栋,开办家庭食社,运营一年余,一楼两间铺面租赁给李公朴用于开办"北门书屋"。

1941 年　37 岁

春,受聘为国民政府外交协会昆明分会五名理事之一。

冬,担任云南省经济委员会设计处专门委员。

是年,于南屏街开办"耀湘园"面食馆,营业至抗战胜利。

1942 年　38 岁

1 月 22 日,受聘担任国立云南大学政治学系主任。

1943 年　39 岁

5 月 10 日,国立云南大学消费合作社成立,担任消费合作社监事。

1944 年　40 岁

1 月 15 日,云南省宪政讨论会成立,受聘担任宪政讨论会研究委员。

附　录　朱驭欧生平大事年表（1904—1982）

1945 年　41 岁

抗战胜利，继续留在云南大学任教。

1946 年　42 岁

春，担任云南省建设委员会专门委员。在昆明经潘大逵、冯素陶介绍秘密加入民盟。

夏间，曾前往南京、上海，面见民盟总部领导人沈钧儒、周新民等，受命将一些民盟秘密文件带回民盟昆明支部。

6 月底，参加民盟云南支部在昆明举行的招待会，发言支持民盟。

1948 年　44 岁

秋，为躲避国民党反动派迫害，从国立云南大学离职，受聘前往国立四川大学政治学系任教。

10 月，抵达成都，入职国立四川大学，担任政治系教授。

1950 年　46 岁

1 月，担任四川大学临时校务委员会委员兼政治学系主任，法学院代理院长。

夏，参加成都市中苏友好协会，成为会员。

9 月，担任成都市第二届各界人民代表大会文教界代表。

秋，当选成都市高教工会筹委会委员兼秘书长，后合并至成都市教育工会筹委会。

12 月，当选成都市教育工会筹委会委员兼业务部部长，不久后工会正式成立。

年底，被选派往北京华北人民革命大学学习。

1951年　47岁

全年在北京华北人民革命大学政治研究院学习。

1952年　48岁

1月，学习结束，转道上海、南京回成都。

2月，回到四川大学，参加学校的"三反"运动，担任全校学习委员会委员和法学院工作组及公物交出工作组组长。随后，又参加校内思想改造运动，担任全校学习委员会委员兼法学院学习分委会主任委员。

8月，到重庆参加西南文教委员会高教部所召开的院系调整会议。

10月，根据高校院系调整方案，带领四川大学政治系、法律系迁往重庆，并入西南人民革命大学政法系，担任政法系教授。

1953年　49岁

8月，西南军政委员会以西南人民革命大学政法系为基础，创办西南政法学院，参加党史教研室教学工作，任院图书馆主任、民盟西南政法学院支部主任委员等职。

1954年　50岁

当选重庆市沙坪坝区第一届人大代表。

1955年　51岁

任国家与法权教研室主讲，兼任图书馆主任。担任西南政法学院工会副主席。

1957年　53岁

受"反右"扩大化运动影响,被划为右派,停止相关教学工作。

此后被降级调职,从事图书资料工作,长期被监督劳动。

1979年　75岁

1月,获得平反,恢复政治名誉,恢复教授职称及工资待遇。

以最后的精力,编译《英汉法律词典》,并将书稿交由夏登峻整理补充。

1982年　78岁

因病逝世,享年78岁。

1985年

11月,《英汉法律词典》经由相关法律专家补充、修订后,由法律出版社正式出版。

至2021年12月,已出版至第五版,广为流传。

资料来源:
1. 朱驭欧家属提供的生平材料。
2. 西南政法大学朱驭欧人事档案资料。
3. 对朱驭欧女儿朱云华的口述采访。

图书在版编目（CIP）数据

抗战时期云大政治系教授文集. 朱驭欧卷 / 朱驭欧 著；段鑫 整理 . - 北京：东方出版社，2023.9
ISBN 978-7-5207-3384-7

I.①抗⋯ II.①朱⋯ ②段⋯ III.①社会科学－文集 IV.① C53

中国国家版本馆 CIP 数据核字（2023）第 085976 号

抗战时期云大政治系教授文集（朱驭欧卷）
KANGZHAN SHIQI YUNDA ZHENGZHIXI JIAOSHOU WENJI (ZHU YU'OU JUAN)

作　者：	朱驭欧
整　理：	段　鑫
责任编辑：	史　青
封面设计：	姚　菲
版式设计：	严淑芬
出　版：	东方出版社
发　行：	人民东方出版传媒有限公司
地　址：	北京市东城区朝阳门内大街 166 号
邮政编码：	100706
印　刷：	北京九州迅驰传媒文化有限公司
版　次：	2023 年 9 月第 1 版
印　次：	2023 年 9 月北京第 1 次印刷
开　本：	880 毫米 ×1230 毫米　1/32
印　张：	9.25　插页：3
字　数：	200 千字
书　号：	ISBN 978-7-5207-3384-7
定　价：	79.00 元
发行电话：（010）64258117　64258115　64258112

版权所有，违者必究　本书观点并不代表本社立场
如有印装质量问题，请拨打电话：（010）64258029